扩大内需战略下的
消费和谐治理研究

杨元庆　著

吉林大学出版社
·长春·

图书在版编目（CIP）数据

扩大内需战略下的消费和谐治理研究 / 杨元庆著. —
长春：吉林大学出版社，2023.1
ISBN 978-7-5768-1350-0

Ⅰ. ①扩… Ⅱ. ①杨… Ⅲ. ①消费者行为论－研究－
中国②扩大内需－研究－中国 Ⅳ. ① F123 ② F723.5

中国版本图书馆 CIP 数据核字（2022）第 245676 号

书　　名：扩大内需战略下的消费和谐治理研究
KUODA NEIXU ZHANLÜE XIA DE XIAOFEI HEXIE ZHILI YANJIU

作　　者：杨元庆
策划编辑：邵宇彤
责任编辑：杨　平
责任校对：田茂生
装帧设计：优盛文化
出版发行：吉林大学出版社
社　　址：长春市人民大街 4059 号
邮政编码：130021
发行电话：0431-89580028/29/21
网　　址：http://www.jlup.com.cn
电子邮箱：jldxcbs@sina.com
印　　刷：三河市华晨印务有限公司
成品尺寸：170mm×240mm　　16 开
印　　张：11.5
字　　数：180 千字
版　　次：2023 年 1 月第 1 版
印　　次：2023 年 1 月第 1 次
书　　号：ISBN 978-7-5768-1350-0
定　　价：68.00 元

前言

内需包括国内的消费需求和投资需求。消费需求体现了人民对物质文化和美好生活的需要，投资需求孕育着未来经济发展的后劲和潜力。四十多年的改革开放实践证明，内需是中国经济的基本盘，正是因为我们这样一个拥有 14 亿人口的大国内需宽广深厚并且得到了及时释放，我国经济才能保持快速增长。近年来，我国进一步积极扩大国内需求，增强经济增长内生动力，取得了良好成效。特别是 2008 年国际金融危机以来，最终消费支出和资本形成总额对我国 GDP 的贡献率持续保持在高位。2019 年，内需对我国经济增长的贡献率达到 89%，其中最终消费支出对经济增长的贡献率达到 57.8%，内需特别是消费已经成为我国经济增长的第一拉动力。中国特色社会主义进入新时代，坚定实施扩大内需战略，既是满足人民美好生活需要的必然要求，也是推进经济高质量发展的主动选择。

消费作为经济运行四大环节（生产、交换、分配与消费）之一，在商品经济和市场经济条件下居于特殊地位，起着特殊作用：消费是生产的动力和实现，没有消费，生产便成为"无源之水"，交换、分配也无从谈起。可见，消费是经济发展的原动力。再加上经济发展对社会进步和自然生态平衡具有基础性的作用，这就决定了消费与经济发展的相互协调构成了消费和谐最主要的内容。而如何实现消费与经济发展的相互协调，需要从多方面进行深入研究。

全书共分三大部分，采取总—分—总结构，从多维角度对消费和谐治理展开讨论。具体安排如下：

第一部分为总论，主要内容包括绪论、第一章、第二章及第三章。总论作为提纲挈领部分，依次阐述了本书的研究背景（绪论）、理论综述和文献述评（第一章），企业损害消费者利益的一般分析（第二章）以及企业消费者责任的理论分析（第三章）。

第二部分为专论和分论，主要内容包括第四章、第五章、第六章和第七章，主要从政府规制、声誉机制、消费者增权与消费者保护运动三个维度论证了企业消费者责任治理，以促进消费和谐，并从国际借鉴的角度来表述如何保护消费者权益。

第三部分是结论和建议，主要内容包括第八章。在全书研究的基础上，本部分得出了企业消费者责任复合治理的结论，提出了治理措施和对策建议，包括重罚机制、提升消协地位、强化声誉机制、强化中央权威等。

笔者由于本身水平和能力所限，书中难免存在一些疏漏，诚恳地希望读者予以批评、指正。

杨元庆

2022 年 7 月

目　录

绪　论

一、研究背景与研究意义

（一）企业承担消费者责任是承担社会责任的核心

企业应该承担起社会责任，如注重环保、慈善捐款等，而企业消费者责任是企业社会责任中最核心的内容。只有企业经营者自觉承担相应的消费者责任，最后产生的效应才可以更有效地消除和减少企业经营者和消费者之间的冲突和阻隔，还可以提高企业经营者的市场感召力、吸引力以及综合竞争力。

实现中国梦需要企业承担责任。企业承担消费者责任是我国扩大内需战略的客观要求。俄乌冲突、疫情常态化，必须打破传统的过于强调投资拉动的惯性，更加强调居民消费的极端重要性、战略支撑性及前期导向性，而形成消费拉动经济增长的新动力、新机制，必须扩大内需。

按照 20 世纪最伟大的经济学家凯恩斯的观点，短期内促进经济增长的前提是扩大总需求，通过积极的财政政策和货币政策，向右移动总需求（AD）曲线，以解决消费不足的问题。李克强总理[①] 已多次强调内需增长。国内需求驱动的经济是突破性的、具有独立发展能力的经济，不受国际市场的过分影响和左右。独立的经济发展[②] 主要依靠国内经济增长因素，受国际经济环境的限制和影响相对较小，作为 GDP 已经位居世界第二的中国，有源源不断、韧劲十足的国内需求来推动本国经济的大发展，也有中西部、民族地区、革命老区等相当广阔的利润空间和发展市场。

---

① 李克强 . 关于调整经济结构促进持续发展的几个问题 [EB/OL].(2010-06-01)[2013-2-19]. http://www.gov.cn/ldhd/content_1618022.html.

② 孔祥敏，张迅 . 中国内需主导型经济发展问题研究 [J]. 山东大学学报（哲学社会科学版），2008(6): 68-73.

经济学文献和教科书所大量探讨的均衡问题，表面上看大多是各种或复杂或简单的模型和图形，本质上看是生产与消费两者之间辩证统一的相对均衡，经济学家马克思、西斯蒙第、马尔萨斯、麦克库洛赫、凯恩斯、里昂惕夫、索洛等都对此进行了全面深入的理论研究。[①] 当前，企业损害消费者利益的现象普遍，消费市场存在的假冒伪劣、价格欺诈、虚假宣传、强制交易等问题，都严重地损害了消费者的利益，必须予以纠正。

（二）消费资本化是扩大内需的原动力

动力来自需求。消费具有基础性作用，对于稳增长，消费比投资更重要。消费，从某种程度上讲，具有资本化特征。[②] 按照国民经济核算统计，国内生产总值 GDP= 消费 I+ 投资 C+ 政府采购 G+ 净出口 NX。当前，扩大内需是我国经济保持高速可持续发展的关键。20 世纪 90 年代以来，特别是 2001 年加入世界贸易组织 WTO 以来，净出口对我国经济发展的贡献很大。扩大出口实际上是依靠国外的需求，尤其是欧美发达国家来发展我国经济，但是出口导向模式不具有可持续性，尤其是在逆全球化、贸易保护主义抬头、美国特朗普上台、英国脱欧等不利的背景下。投资是我国改革开放 40 年来经济高速发展的重要推动力量，也是一种传统发展模式。但是，过度强调投资增长所必然造成的自然资源过度消耗和生态环境高度污染，已经接近甚至突破我国自然生态环境所能承受的极限，加之"四个全面""五位一体"、绿色 GDP、生态文明理念的深度确立，我国政府已限制粗放式、资源浪费模式的投资，投资将置于有序的投资布局、投资结构和投资规模宏观调控之下。政府采购和支出受财政收入的规模大小及地方财力所限制，加上地方融资平台风险加大、挤出效应和李嘉图－巴罗等价定理的作用，对国民经济发展的推动作用也有很大的局限性。因此，未来我国经济的快速发展将主要依靠国内消费需求的增长。我国有目前世界上最多的人口，国土面积辽阔，GDP 居世界第二位且有望在 2030 年雄踞世界第一，这意味着我国有世界上最大的

---

① 姜彩芬 . 消费经济学 [M]. 北京：中国经济出版社，2009：25-45.
② 陈瑜 . 消费者也能成为"资本家"——消费资本化理论与应用 [M]. 南宁：广西科学技术出版社，2006：49.

消费市场。

我国的消费需求之所以没有得到充分的释放，主要原因有以下几点：第一，生产和消费的对立。在传统经营模式下，无商不奸，生产与消费的对立导致消费者不愿意信任任何一家企业，市场的交易成本很高，消费者消费能力的释放受到一定限制。第二，消费者把消费行为看作一种物质消耗，会使自身拥有物质财富减少。于是乎，人们总是倾向于更多地进行储蓄买房而减少消费。[1]

由约翰·梅纳德·凯恩斯发扬光大的由于需求不足而扩大内需的西方经济学说，不是从消费者本身进行研究，而通过减少税收和增加贷款刺激需求，消费是外部世界的刺激，而不是消费者的内在动机。[2] 在这种刺激下，消费需求的增加是被动的，而不是主动的，需求增加的幅度将十分有限。对此，应以消费资本化理论为指导，引导消费者明白购买商品和服务其实是一种对工商企业的投资，从根本上解决中国内需不足的问题，完全改变现实经济运行中生产者和消费者之间的冲突矛盾关系，唤起数量巨大的消费者内在的、强大的资本驱动力，完成一种神奇的、根本的资本转化；消费者的行为激情不再是一种简单的消费，而是一种正当的投资行为；消费完成了惊险的一跃，成为投资的化身，消费向生产过渡、延伸，成为促使国民经济发展的第一推动力量。[3] 美国经济学家罗斯托在代表作《经济增长过程》一书中，将经济发展过程概括为六个阶段，最终的第五、六阶段是高额消费阶段和追求生活质量阶段，而前四个阶段分别是传统社会阶段、为起飞创造前提阶段、起飞阶段和向成熟推进阶段。

消费者是决定资本数量的主体之一，企业注入新的资本才能快速发展，而消费者是数量最大的一个资本注入，由于消费者的资本注入，企

---

[1] 陈瑜. 消费者也能成为"资本家"——消费资本化理论与应用 [M]. 南宁：广西科学技术出版社，2006：1-49.

[2] 陈瑜. 消费者也能成为"资本家"——消费资本化理论与应用 [M]. 南宁：广西科学技术出版社，2006：50.

[3] 陈瑜. 消费者也能成为"资本家"——消费资本化理论与应用 [M]. 南宁：广西科学技术出版社，2006：45.

业可以最终获得集聚经济效应、规模经济效应及口碑效应等[①]。消费一方面使工业和商业企业的销售收入资本化，使资本再次进入新一轮的生产经营企业，创造新的经济效益；另一方面使市场净化，尊重和保护消费者权益的生产商、供应商得以和谐相处。[②]

（三）消费和谐是和谐社会的要求

构建社会主义和谐社会，是中华人民共和国自 1978 年改革开放 40 多年来政治、经济、社会等发展到一定程度和历史累积的必然使命。按照卢现祥教授的观点，和谐社会就是交易成本最小的社会，和谐市场、和谐企业与和谐政府（国家）是和谐社会制度建构的三个层面。[③] 而消费和谐是和谐社会的一个重要维度。企业是市场经济最重要的微观主体，在构建社会主义和谐社会中有着非常重要的主体责任。

企业的消费者责任，不仅能够促进自身实力增长和稳健发展，而且能够促进社会总体福利的增加。企业总是存在于一定的社会环境之中，作为一个生命体，和政府、行业、消费者、中介组织等持续不断地进行着物质、资本和信息交换。企业对社会经济发展既有正面的影响，也有很多负外部性，造成了许多社会问题，如环境污染、资源的过度开发、假冒伪劣等。所以，如何发挥企业的正面作用，减少对社会的负面影响，具有十分重要的研究意义和实践价值。

当然，企业追求利润最大化，在创造物质财富、可观利润的过程中，可能会与消费者等其他社会主体发生形式各样的矛盾。刘冀生认为，作为一种方法论，科学发展观也应该是现代企业管理的一种战略性思想武器，企业要生存发展，要长期存续，务必要建立起非常有利于企业的商业环境、和谐高效的商业生态系统，要和消费者、政府、自然生态、职工等友

① 陈和权. 资本理论的发展与创新——学习消费资本化理论体会 [J]. 财政研究，2005(11): 18-19.

② 陈和权. 资本理论的发展与创新——学习消费资本化理论体会 [J]. 财政研究，2005(11): 18-19.

③ 卢现祥. 和谐社会的新制度经济学解读 [J]. 贵州财经学院学报，2006(1): 6-9.

好和谐地共同成长，尽量争取与企业赖以生存的周围的环境共荣共生。①

陈波等是复旦大学教授、权威学者，主要研究方向之一是利益和谐。陈波等认为：和谐利益乃和谐社会的本质要求，和谐利益是理想的一种美好的状态；利益主体在利益差异和利益矛盾的前提下实现每个利益主体的滔滔不绝的生命力和创造力，共同利益不断增长的同时，不断丰富和发展了个人利益。② 平衡的必要条件是和谐的利益关系，而利益共享是和谐利益的充分条件。消费和谐乃是利益和谐的一个至关重要的方面，消费者权益损害是破坏和谐社会的一个关键维度。企业的地位和生存模式决定了它是创建消费和谐的主体责任者。进一步推理，消费和谐的关键之处在于通过各种机制和模式推动和促进企业消费者责任治理。因此，本书重点研究企业消费者责任治理，并从多维角度加以思考。利益关系的自发和谐，也曾被一些学者加以论述，如巴斯夏、魁奈、斯密等，但笔者不赞同这种观点。

（四）要以社会责任凝聚改革共识，进一步推动改革

2021年，最终消费支出对经济增长贡献率为 65.4%，拉动 GDP 增长 5.3 个百分点，是推动中国经济增长的第一驱动力。如何进一步提振国民的消费信心、如何让消费者更放心、更安心地消费，是新常态下推动中国经济发展动力转型的迫切任务。

自从党的十一届三中全会以来，中国经济发展迅猛，跻身世界第二大经济体，进出口贸易额雄踞世界第一，许多工业品产量全球排名靠前，在人类历史上创造了"中国奇迹"。但是，企业损害消费者利益、消费不和谐等消极社会现象亦存在。有的企业唯利是图，缺乏责任担当，社会面临着消费和谐危机，需要通过政府、企业以及每个人承担各自的社会责任，共建共享美好生活，实现共同富裕来凝聚进一步改革的共识和推动下一步发展的力量。强化企业社会责任，深化利益共享，已经成为社会各界的共同企盼，也是我们继续深化改革的意义。和谐、公平、高效、包容的经济增长模式是时代潮流。

---

① 刘冀生.科学发展观与企业会责任 [N].检察日报，2007–11–20(7).
② 陈波，洪远朋.和谐利益论 [J].社会科学研究，2010(4): 19–26.

（五）和顾客一起创造价值，赢得企业生存竞争

在今天的整个企业管理中，必须从整体来看问题，必须从整体框架中来解决企业需要解决的问题。

传统企业在新兴的互联网时代下，显得非常被动，很大的原因就是我们认为价值是由企业创造的，但是在互联网时代里，企业必须跟互联网联手，才可以找到新的发展机会。现在，所有行业的边界都被打开，所有行业企业都被重新定义。一个企业如果想成功，它必须速度柔性化，必须全方面地整合和创新，这是一个成功要素的调整，这个调整使得组织的边界不断地扩展到你能够和你顾客在一起的地方（陈春花）。

二、结构与内容

全书共分三大部分，采取总—分—总结构，从多维角度对消费和谐治理展开讨论。具体安排如下：

第一部分为总论，主要内容包括绪论、第一章、第二章及第三章。总论作为提纲挈领部分，依次阐述了本书的研究背景（绪论）、理论综述和文献述评（第一章），企业损害消费者利益的一般分析（第二章）以及企业消费者责任的理论分析（第三章）。在批判新古典经济学的基础上，以马克思主义经济学为指导，提出研究企业消费者责任的理论依据，证明了微观主体（企业）损害消费者利益的现实必然性。接着从三大维度——契约不完全、信息不对称和垄断来深入分析企业损害消费者利益的做法，论述企业损害消费者利益的极端严重后果和危害，之后按照这一思路探讨了帕累托最优和"斯密难题"。然后，对企业消费者责任（消费和谐）所涉及的主要相关理论进行了全面、细致的梳理总结，对企业消费者责任的驱动因素进行了深入探讨，最后深入分析了企业家伦理素质与企业消费者责任决策。

第二部分为专论和分论，主要内容包括第四章、第五章、第六章和第七章，主要从三个维度论证了企业消费者责任治理，以促进消费和谐，并从国际借鉴的角度来论述如何保护消费者权益。第四章是"消费和谐治理Ⅰ：消费资本论、消费者增权与消费者保护运动"。在理论分析指导

下，主要从制度变迁的角度论证了中国消费者保护运动。第五章是"消费和谐治理Ⅱ：政府规制"。本章首先论述了政府规制的含义、必要性、经典理论和规制的内容，其次就政府规制与企业行为进行深入探讨，最后针对增进政府规制绩效提出建议。第六章是"消费和谐治理Ⅲ：声誉机制"。本章首先论述声誉、声誉机制的作用和声誉机制发挥作用的前提条件，其次论述了重复博弈和声誉机制。第七章是"消费者保护的国际借鉴：以美国为例"。该章考察发达国家美国的消费者保护政策，以达到借鉴取经、移植消费者保护制度的目的。

第三部分是结论和建议，主要内容包括第八章。在全书研究的基础上，本部分得出了企业消费者责任复合治理的结论，提出了治理措施和对策建议，包括重罚机制、提升消协地位、强化声誉机制、强化中央权威等。

三、创新与不足

（一）本书的创新之处

（1）消费和谐治理研究，尤其是从宏观与微观相结合的层面进行全面的多维度的研究，国内不太常见。笔者从经济学角度出发，突破了法学、管理学的学科界限，从消费资本论、微观规制理论和声誉机制的多重经济学视角，采用微观与宏观相结合的方法论证了消费和谐治理。

（2）阐述落实科学发展观、构建和谐社会与企业消费者责任的关系。从企业利润函数出发，论证了在没有约束的条件下，企业损害消费者利益的必然性。同时，指出企业承担消费者责任是一种科学发展观，它将促进整个社会的和谐进步。

（3）本书提出构建企业消费者责任的实现机制——多元协同治理机制，包括内部机制与外部机制，促使企业承担消费者责任。政府机制、市场机制均存在一定局限性，从而使各种机制的有效性受到不同程度的影响。因此，笔者提出市场"看不见的手"和政府"看得见的手"共同作用，以促进企业消费者责任实现的观点。通过多元协作治理达到更大的效率，以此

实现消费和谐的目标，为全面小康、实现中国梦提供前提条件。

（二）本书的不足之处

研究消费和谐治理需要跨学科研究，难度很大。而从经济学角度去研究企业消费者责任更具有挑战性。由于笔者有限的知识储备和研究手段，对问题的分析和把握还不够严谨深入。另外，由于消费和谐治理研究课题的特殊性，梦寐以求的实证数据非常难得，本书的观点缺乏数据的实证检验，这也是本书的一个不足之处，尚需进一步深入和细致的研究。

第一章 相关理论综述与文献述评

第一节　理论综述

一、新古典经济学

所谓新古典经济学，从其最广义的含义看，即统治经济学主流的一套基本公理化的概念体系和数理化的推理逻辑。[1]

新古典经济学喜欢堆砌以下假设，可以分为以下三类：①市场主体面临的具体环境限制，如关于既定制度、文化和技术条件等的假设。②市场主体拥有的环境信息，如完整的信息、自由竞争的市场、没有不确定性等。③具体的互动模式，通常只需要经济代理人通过价格信号等。随着现代经济学逐渐接地气，这些前提假设慢慢得到改进。[2]

斯蒂格列茨[3]（Stiglitz）认为，在不完全的信息下，福利经济学的第一定律将不再成立。新制度经济学起源于科斯关于企业和社会成本的研究，他通过引入不完全的信息和交易成本与产权的限制，修改了新古典经济学的一系列约束假设。[4]

在新古典经济学市场出清的假设下，产品从生产到市场销售没有中间过渡，没有摩擦（交易成本），没有信息不对称，与现实不符。

新古典抽象企业作为生产函数，只假设追求利润最大化，而不涉及企业内部，不涉及企业追求利润最大化的过程中的具体决策行为，因此

---

[1] 蔡昉.新古典经济学思维与中国现实的差距——兼论中国特色经济学的创建[J].经济学动态，2010(2)：33-41.

[2] 张衔.庄志晖.当代主流经济学批评：一个理论述评[J].当代经济研究，2007(4)：12-17.

[3] 斯蒂格列茨.社会主义向何处去——经济体制转型的理论与证据[M].周立群，韩亮，余文波，译.长春：吉林人民出版社，1998：24.

[4] 张衔.庄志晖.当代主流经济学批评：一个理论述评[J].当代经济研究，2007(4)：12-17.

没有公司机会主义。新古典经济学（弗里德曼）认为，企业的社会责任是实现最大化利润。[①]

新古典经济学假设的纯粹的"经济人"与现实世界中具体的人有着极大的背离，是一种理论真空，具体表现在以下3个方面：①"经济人"彻底抽去了现实中人的社会属性，将人的价值追求仅仅局限于追求经济利益，忽略了人对社会价值认定的多元（政治、地位、财富、尊严等）特点；②新古典经济学只看到了人与人之间的市场交易关系，只关注经济利益，而没有注意到社会交往的重要性，忽略了人与人之间的非市场交易关系能够创造巨大社会福利的事实；③新古典经济学认为其他利益相关方（政府、新闻媒体等）对于企业的成长毫无影响，而完全忽略了社会资本也是推动企业和社会可持续发展的重要构成要素。[②]

二、加尔布雷斯的新制度经济学

加尔布雷斯，美国著名经济学家，代表作有《丰裕社会》《新工业国》《经济学和公共目标》等，主要分析权力和权力分配、集团利益和不同集团的利益冲突以及经济的不同组织结构。加尔布雷斯关心"公共目标"，探究社会上存在的种种弊端的原因，并提出改良的措施。他从不相信"看不见的手"这一神话，而是将政治和政府作为经济学的研究和探讨中心。经济学被用来解释如何更好地生活，建立一个"良好的社会"，而不是使用一套数学假设，技术论证，以最大化经济产出。[③] 按照加尔布雷斯的观点，所谓的现代新古典微观经济学主要有以下三大支柱：利润最大化目标、消费者主权假设、企业所有内部权力来自企业主。加尔布雷斯对主流经济理论的批判集中在经济学理论分离了与复杂现实世界之间的关系，并且强调权力往往对经济和社会具有决定性的影响。

加尔布雷斯对美国资本主义经济进行了深入分析，对主流经济学进行了深刻的批判，他认为，大规模、复杂的技术以及巨大规模的投资（垄

---

① 弗里德曼.资本主义与自由 [M].张瑞玉，译.北京：商务印书馆，1986：53.

② 李伟阳，肖红军.基于社会资源优化配置视角的企业社会责任研究 [J].中国工业经济，2009(4)：116-126.

③ 郑英.一位经济学家的传奇人生——加尔布雷斯述评 [J].开放时代，2006(5)：26-37.

断）构成了现代经济的支柱，而大公司起着决定性的作用。① 加尔布雷斯提出了二元系统理论，将现代经济分为两个系统：市场系统和规划系统，规划系统强，市场系统薄弱，抑制甚至取代前者。第一个系统是一个主要由竞争企业组成的市场系统。它们以利润最大化为最终目标，但对价格和成本的影响有限，也不能影响消费者和政府。市场系统处于现代经济的边缘，新古典主义的理论分析仅仅适合于市场系统的分析主体。② 第二个系统是由大型（垄断）企业构成的规划系统，它们深入国家政治体系，几乎不受国家宏观经济政策的影响。规划系统处于现代经济的中心，起主导作用，能够运用权力工具、控制操纵价格、支配消费者，从而使生产者主权代替消费者主权，影响消费者甚至政府的行为。③

新古典经济学"消费主权"理论：消费者的偏好是市场经济的最高权威，是指挥棒，是市场经济的两大主宰之一，其最终决定企业的生产的行为。现代经济由大型企业主导，这些大企业的生产行为本身的目的不是满足广大消费者的需求，而是可以创造消费者的需求。④

三、新兴古典经济学

杨小凯，著名华人经济学家，新兴古典经济学的奠基人。杨小凯用非线性规划对斯密、杨格的分工理论进行了综合，并引入交易成本，用超边际分析描述专业化经济、报酬递增，并在此基础之上建立新兴古典经济学框架，复活了古典经济学。

图 1-1 说明了分工使社会总产出增加的原因。曲线 A 是单个生产者生产两种产品的曲线，曲线 B 是两个生产者分别生产两种产品的总产量的曲线，曲线 C 和曲线 D 分别是两个生产者在有分工经济时只生产单独产品的曲线。可以看出，曲线 $2E2$ 是有分工经济时的总产量，要高于没有分工经济时的总产量 B，由曲线 BCD 围成的图形的面积就是产量的增加部分。⑤

① 加尔布雷斯.富裕社会[M].南京：江苏人民出版社，2009：55.
② 郑英.一位经济学家的传奇人生——加尔布雷斯述评[J].开放时代，2006(5)：26-37.
③ 郑英.一位经济学家的传奇人生——加尔布雷斯述评[J].开放时代，2006(5)：26-37.
④ 郑英.一位经济学家的传奇人生——加尔布雷斯述评[J].开放时代，2006(5)：26-37.
⑤ 杨小凯.经济学原理[M].北京：中国社会科学出版社，1998：55.

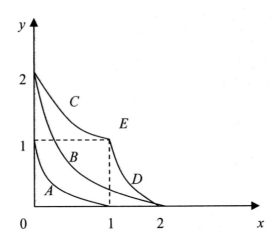

图 1-1　分工促使总产出增加

假定社会中的每个人都需要两种产品，且他自己会生产这些产品，当他生产的产品超过自身需求的时候，他便会卖出多余的部分；如果某种商品自给量不足，他就会用卖出的收入购买该商品。假定每个人都有如下的效用函数：

$$u = (x + kx^d)(y + ky^d) \qquad (1-1)$$

式中，$x + x^s = l_x{}^a$，$y + y^s = l_y{}^a$，$l_x + l_y = 1$，$p_x x^s + p_y y^s = p_x x^d + p_y y^d$。

x 和 x^d 为两种产品的自给自足量，x^d 和 y^d 为两种产品的购买量；购买过程存在交易费用，每购一单位商品，$1-k$ 部分因交易费用而消失，$k \in [0,1]$，因此 kx^d 和 ky^d 为购买到商品的实际获取量，x^s 和 y^s 为每个人生产两种产品的卖出量，l_x 和 l_y 为每个人生产两种产品的劳动时间。由于每个人的劳动时间是有限的，所以将生产两种产品的总时间标准化为 1；$a(a>1)$ 是一个专业化参数；p_x 和 p_y 是两种商品的市场价格，而最后一个式子是每个人的预算约束。

最优决策不会同时买和卖同种产品，不会同时买和生产同种产品，最多卖一种产品。每人的最优决策模式有如下三种情况（表 1-1）。

表1-1　最优决策组合

模　式	x	x^d	x^s	y	y^d	y^s	l_x	l_y
A	+	0	0	+	0	0	+	+
B	+	0	+	0	+	0	+	0
C	0	+	0	+	0	+	0	+

（一）模式 A

该模式同时生产两种产品，既不购买也不销售任一产品，即自给自足。此时，$x^d = x^s = y^d = y^s = 0$，效用函数为：

$$u = xy \tag{1-2}$$

式中，$x = l_x{}^a$，$y = l_y{}^a$，$l_x + l_y = 1$。

最大化效用函数：

$$\max_{l_x} u = \max xy = \max l_x{}^a(1 - l_x)^a \tag{1-3}$$

令 $\dfrac{du}{dl_x} = al_x{}^{a-1}(1 - l_x)^a - al_x{}^a(1 - l_x)^{a-1} = 0$。则 $l_x = 0.5$，$u = xy = 0.25^a$。

当生产两种产品付出的劳动时间各占一半的时候，效用达到最大，最大化效用为 0.25^a。

（二）模式 B 和 C

只生产一种产品，将多余部分售卖，然后用售卖的收入购买需要的另一种产品。由于两种模式是对称的，所以在此只需要讨论一种即可。我们以 B 模式为例，此时 $x^d = y = y^s = l_y = 0$，效用函数为：

$$u = xky^d \tag{1-4}$$

式中，$x + x^s = l_x{}^a$，$l_x = 1$，$p_y y^d = p_x x^s$。

最大化效用函数：

$$\max_{x^s} u = \max xky^d = \max(1-x^s)k\frac{p_x x^s}{p_y} = \max k\frac{p_x}{p_y}x^s - k\frac{p_x}{p_y}(x^s)^2 \quad （1-5）$$

令 $\frac{du}{dx^s} = k\frac{p_x}{p_y} - 2k\frac{p_x}{p_y}x^s = 0$，则 $x^s = 0.5$，$y^d = \frac{p_x}{2p_y}$，$x = 0.5$，$u = xky^d = 0.25k\frac{p_x}{p_y}$。

以上为杨小凯含有交易成本的分工模型的内容。

对比 A、B 两种模式，令 $0.25^a = 0.25k\frac{p_x}{p_y}$，则 $k = 0.25^{a-1}\frac{p_y}{p_x}$，即为两种模式转换的临界值。

可知，当分工系数 a 增大的时候，将使得交易成本系数 k 变小，交易成本 $(1-k)$ 增加，这说明分工不仅会增加总产品产出，还会使交易成本增加。当 $k \to 0.25^{a-1}\frac{p_y}{p_x}$ 时，$u_B \to u_A$，在交易成本到达临界值之前，最优决策不会有变化；当超过临界值时，最优决策将马上由一种变为另一种；在临界值上，决策者将根据对 k 值变化的预期采取相应的决策。通过以上分析可以看出，社会分工并不会无限制地进行下去，分工增加导致的交易成本上升有可能使生产重新回到自给自足状态。

但是，当人类的生产模式进入现代组织和协作阶段，人们的分工是完全的、彻底的，生产者和消费者是完全独立的。[1] 虽然杨小凯等认识到"信息不对称一方面是劳动专业化分工的利益来源，另一方面是欺骗和其他机会主义行为可以产生内生交易成本的来源之一"[2]，但是杨小凯等所遵循的是主流经济学以市场为中心的最优规划和制度中性的方法论，这种忽略社会历史形态和生产关系所进行的"纯粹经济理论"的研究，使得"新兴古典经济学"同"新古典经济学"一样不能解释在当前生产者

---

① 中国人民大学. 人大经济论坛 [EB/OL].[2013-12-13].http: //bbs.pinggu.org/forum. phpmod=viewthread&tid=1138988&page=1.

② 杨小凯, 黄有光. 专业化与经济组织：一种新兴古典微观经济学框架 [M]. 张玉纲, 译. 北京：经济科学出版社, 1999: 61.

与消费者分离的常态下，为什么许多生产者会违法侵害消费者的权益？为什么生产者和消费者会有不同的地位？机会主义的社会根源是什么？

四、马克思主义经济学

马克思认为，商品销售的过程其实是将企业生产的商品转化为货币的过程。马克思生动地称这个过程是"惊险的跳跃"。如果"惊险的跳跃"不成功，被摔坏的不是一个被破坏的商品，必须是商品的所有者。[①] 企业的生产和所面对的市场之间必然有很大的不确定性、不可避免的过渡阶段和激烈的商品市场竞争。

根据马克思主义经济学的分析逻辑，四川大学经济学教授张衔给出了企业机会主义行为的一般分析框架模型，证明企业的机会主义偏好越强，投入的产品成本就越低于社会标准，对消费者的伤害就越大，非法经营者获得的机会主义利润就越多。[②]

拥有自利最大化行为的是机会主义类型的企业，也就是说，企业自利行为是无底线限制的。根据马克思主义经济学分析逻辑，是这种行为的结果，导致了企业社会责任的需求。马克思主义经济学证明，无限制的资本主义企业最大化自利行为必然造成企业社会责任的诉求，必须规制。[③]

马克思认为，资本剩余价值的产生导致社会异化、冷漠的人际关系、不可持续的发展和其他社会责任问题。马克思认为，资本家不是追求利用商品的价值，而是追求价值的增值和剩余价值的最大化，赚钱是这个生产方式的绝对规律。[④] "资本害怕没有利润或利润太少，就像自然界害怕真空一样。一旦有适当的利润，资本就胆大起来。"[⑤] 资本追求最大化指导下的利润意味着从绝对剩余价值、相对剩余价值生产到假冒危害消费者利益。资本贪婪的追求利润的本性驱使其只不择手段赚钱，对社会

---

① 马克思.资本论（第1卷）[M].北京：人民出版社，1975：124.

② 张衔，肖斌.企业社会责任的依据与维度[J].四川大学学报，2010(2)：85-90.

③ 张衔，肖斌.企业社会责任的依据与维度[J].四川大学学报，2010(2).：85-90.

④ 马克思.资本论[M].北京：人民出版社，1975：679.

⑤ 马克思，恩格斯.马克思恩格斯全集（第二十三卷）[M].中共中央马克思恩格斯列宁斯大林著作编译局，译.北京：人民出版社，1972：829.

责任弃之不顾，严重侵犯消费者的合法权益，于是诞生了企业消费者责任和消费者保护运动的概念。

马克思证明了资本家是人格化的资本，资本在没有约束时会突破道德底线。马克思在《资本论》里引用邓宁的话说："如果动乱和纷争能带来利润，它就会鼓励动乱和纷争。"① 从《资本论》中记载的事件到现代美国帕纳巴事件（见附录二）都证明了这一点，这是由资本主义的根本特征决定的，是资本主义制度无法解决的。

五、小结

西方主流或非主流经济学的研究都仅触及事物表象，没有触及实质。他们十分强调市场的作用，期望通过市场这只"无形之手"实现和谐发展。非马克思主义经济学只是从市场表面来论述企业行为，不能从根本上分析企业消费者责任。马克思经济学从本质上论证了企业在竞争压力下必然采取的机会主义行为，找到了企业消费者责任产生的根源。本书以马克思主义经济学为指导，论述企业不履行消费者责任的根本原因，并且针对中国国情提出治理对策，希望能够尽可能地减少企业损害消费者利益的现象。

第二节　国内外研究现状

一、社会总体福利视角

企业社会责任最早的定义出现在鲍恩（Bowen）在1953年所写的《商人的社会责任》一书中：商人具有按照社会的期望目标和价值观去确定政策、做出决策和采取行动的义务。随着企业社会责任理念的不断完善和发展，企业社会责任的具体内涵不断丰富和发展。凯斯·戴维斯（Keith Davis）指出，企业社会责任意味着企业决策和行动至少部分是出于企业

---

① 马克思.资本论 [M].北京：人民出版社，1975: 829.

的直接经济和技术效益以外的考虑。[1] 林曦则利用波特教授的钻石竞争模型来分析企业承担一些社会责任是否会对企业的竞争环境带来影响，结论表明了企业如果承担社会责任，会给企业带来外生的竞争优势。[2]

在国内，袁家方在《企业社会责任》一书中最早对企业社会责任进行了定义：企业在自己的生存和发展中，面对社会需要和各种社会问题，为了保卫国家、社会和人类的根本利益所应承担的相应义务。

企业社会责任是一个自给自足的利他主义的选择，是一个信号传递机制，是公司经营绩效机制的影响。[3] 大量实证研究表明，企业社会责任对企业经营业绩有着积极的影响作用，影响可以概括为六种机制：风险厌恶（如诉讼风险等）、减少浪费（如增加使用可回收材料）、改善与监管机构的关系、增强品牌声誉、改善内部人际关系来提高员工工作效率和降低融资成本。金立印基于消费者的观点，已经开发了用于 CSR 测量的一组量表。[4] 实证结果表明，企业社会责任绩效意识与消费者的信任和忠诚度密切相关。公司承担消费者责任是影响公司经营业绩的一种主要机制，能够为公司创造更多财富。周祖城、张漪杰也进行了企业社会责任与消费者购买的实证研究。[5]

企业消费者责任是一个基本的社会责任，是企业生存和可持续发展的前提，企业在现实世界中的基本责任是满足消费者的各种需求，消费者购买是企业生存的基本条件。消费者（客户）是上帝，离开消费者的"货币投票"，企业利润将成为空谈和美梦。要想让消费者信任自己，企业必将承担一定的责任。消费者是企业的关键利益相关者，企业利润需

[1]DAVIS K. Can business afford to ignore social responsibilities?[J]. California management review, 1960, 2(3): 70-76.

[2] 林曦. 企业承担社会责任对企业竞争环境的影响——基于迈克尔·波特钻石模型的分析 [J]. 北方经贸, 2006(10): 16-18.

[3] 杨自业，尹开国. 利益相关者视角下公司社会责任与治理机制研究 [J]. 财会通讯, 2010(2): 54-55.

[4] 金立印. 企业社会责任运动测评指标体系实证研究——消费者视角 [J]. 中国工业经济, 2006(6): 114-120.

[5] 周祖城，张漪杰. 企业社会责任相对水平与消费者购买意向关系的实证研究 [J]. 中国工业经济, 2007(9): 111-118.

要在消费者的帮助下实现。企业实现利益的目标不能与消费者分开，要让消费者用自己的力量投票，否则股东的利益根本不能最大化，还会受到不同程度的损害；对于企业的社会责任，不论是保护环境还是支持慈善，不论是为了社会福利还是保护弱势群体，都与消费者在企业中的作用密不可分。[①] 德鲁克（Drucker）也认为企业对消费者承担责任是应有之义。[②]

消费者是企业众多利益相关者群体中最直接，也是最重要的群体。企业所进行的大量决策中，是否能够承担企业消费者责任是企业管理决策中必须考虑的一个重要因素。企业履行消费者责任，提供高质量产品和服务，可以帮助企业塑造企业品牌，是企业在激烈竞争中获得市场竞争优势的基础。企业履行其对消费者的责任将促使良好的信誉、企业声誉的形成和消费者购买行为的增加，这些都对企业的品牌声誉和品牌资产产生重大影响。虽然不同的消费者对企业社会责任意识的认识程度不同，但绝大多数消费者认可并支持企业社会责任。韦伯斯特（Webster）认为一个有社会意识的消费者必须考虑他的私人消费行为的外部影响，并试图通过自己的购买行为来促进社会变革。[③] 罗伯茨对社会负企业社会责任的消费者进行了聚类分析，发现这一群体占美国人口的32%。[④] 学者研究消费群体的特征，使企业家认识到企业的社会责任和消费者具有显著的相关性。

二、（消费者）利益相关者的视角

利益相关者研究是从企业治理与组织理论角度进行的，是近年来企业研究极为活跃的领域，通过企业存在和发展过程中的利益相关者的

① 中消协.中国消费者协会秘书长杨红灿谈"消费与发展"[EB/OL].(2009-03-03) [2010-5-20]. http://finance.ifeng.com/news/hgjj/20090313/443734.shtml.

② 德鲁克.管理：使命、责任、实践[M].陈驯，译.北京：机械工业出版社，2019: 88.

③WEBSTER.Determining the characteristics of the socially conscious consumer[J]. Journal of consumer research, 1975, 2(4): 188-196.

④ROBERTS.Profiling levels of social responsibilities consumer behavior[J].Journal of marketing theory and practices, 1995, 3(4): 97-117.

角度来分析论证消费和谐。[①] 琼斯（Jones）和克拉克森（Clarkson）等人试图把利益相关者理论拓展到所谓的主流的企业理论研究，也就是把现代西方经济学中的契约理论、代理理论、交易成本理论等众多理论工具结合在一起考虑利益相关者问题，这扩展了与主流企业理论对话的基础，其研究的主要价值在于指出了传统模型在道德伦理方面的不足，它是对传统新古典观点的否定。

关于企业社会责任和利益相关者理论的讨论由来已久，利益相关者问题隐含在所谓的"无灵魂公司"的讨论中，从企业作为一个独立的法律实体开始讨论。早期的企业社会责任理论促进了利益相关者研究的理论化进程，并且至今仍然是利益相关者理论中非常重要的研究领域。然而，企业社会责任与利益相关者问题不是同一个问题。企业社会责任从整个社会的角度考虑单个企业的具体行为对社会的诸多影响，它体现的是单个企业与整体社会之间的关系，利益相关者理论更多从企业的角度来看企业及其利益相关者之间的关系。一些问题是社会问题，但不一定是利益相关者问题。例如，在大部分国家，企业员工的职业规划是个人发展问题，于个人来讲是微观问题，并不是一个宏观的社会问题，但涉及企业员工这一利益相关者的利益，因此员工职业规划可能成为企业的利益相关者问题之一。企业的社会责任是利益相关者理论发展的一个重要领域，自20世纪90年代以来企业社会责任理论和利益相关者理论出现了一个完全集成的趋势。一方面，利益相关者理论阐明了企业社会责任理论研究的方向；另一方面，企业社会责任研究为利益相关者理论提供了一个经验测试。"企业应对谁负责任"是个现在仍无法回答的问题。在企业社会责任研究中渗透利益相关者理论，可以明确企业社会责任，即形成各利益相关者对于企业社会表现的预期、承受企业社会行为的影响以及评价企业社会行为的结果。虽然利益相关者理论自1980年代中期以来发展迅速，但缺乏实证证据已成为批评的主题。而企业社会责任和社会绩效的研究相对成熟，并有相当多的实证结果，符合利益相关者理论的要求。因此，利益相关者理论借鉴了一些现成的经验证据方法

[①] 林曦.企业利益相关者管理——从个体、关系到网络[M].大连：东北财经大学出版社，2010：12-16.

来揭示利益相关者管理与企业绩效之间的关系。克拉克森首先从利益相关者的角度用实证研究测量社会绩效,此后哈里森(Harrison)和弗里曼(Freeman)等学者也试图运用新的数据、方法证明利益相关者管理和社会及财务绩效之间的关系。[1]

在企业利益相关者管理战略与策略领域,相关研究基本上是"描述性"和"工具性"的。很多学者从不同的视角出发进行了颇有价值的研究。弗里曼、弗雷德里克(Frederick)、查尔坎(Charkham)、克拉克森、米切尔(Mitchell)、阿格尔(Agle)、伍德、惠勒(Wheeler)等学者都按照不同的标准,对企业的利益相关者进行了分类,以识别谁是企业的利益相关者。这一点在弗雷德里克等和斯文森(Svendsen)的研究中也被同样强调。弗罗曼(Frooman)从利益相关者的角度研究了利益相关者向企业施加影响的策略,以及这种策略所产生的基础。同样是站在利益相关者的角度,罗利(Rowley)和摩尔多瓦(Moldoveanu)解释了利益相关者群体采取行动的原因。关于利益相关者一般管理策略的研究,是利益相关者管理研究的归宿点。在弗里曼的经典研究之后,贾瓦哈尔(Jawahar)和麦克洛林(Mclaughlin)[2]、弗里德曼(Friedman)[3]等都从不同的视角、不同的逻辑体系出发,考察了在不同情况下管理者应采取的有针对性的管理策略。

三、消费者责任对生产者行为影响的视角

消费者购买商品来实现他们的喜好和愿望,其喜好和愿望将通过市场传递给生产者,然后由生产者决定生产什么、生产多少。在市场经济中,生产者必须了解消费者的偏好,以实现利润最大化的最终目标,因

---

① HARRISON J S, FREEMAN R E. Stakeholders, Social responsibility. and performance: empirical evidence and theoretical perspectives[J]. The Academy of Management Journal 1999, 12(5):497-485.

② JAWAHAR I M, MCLAUGHLIN G L. Toward a descriptive stakeholder theory: an organizational life cycle approach. academy of Management Review, 2001, 26 (3): 397-414.

③ FRIEDMAN M. The social responsibility of business is to increase its profits[J]. New York Times Magazine. 1970 (9):32-33.

此，消费者行为对生产者具有指导作用①，哈耶克的"消费主权"也深刻解释了这一真相。

对这个问题，国内学者做了进一步阐述。马伯钧认为，消费者的选择可以促进和限制企业承担社会责任，如果消费者能识别假货和劣质消费品，识别和抵抗对他们自己有害的消费品、破坏生态环境的消费品，企业生产的这种消费品就没有市场、没有利润。② 消费者在经济生活中对企业的影响力也在不断扩大。唤醒我国消费者的力量，使其在享受消费的同时，从消费的节约和克制，到对企业经营者的产品是否环保、是否履行企业社会责任方面进行监督。向市场提供安全可靠、质量过关的产品，是企业承担的最基本的社会责任。曾有观点认为，打击假冒伪劣、保障食品安全主要是监管机构的职责，消费者没有必要成为产品质量鉴定专家。但在我国市场发育尚未成熟、相关法律法规和标准体系相对滞后、相关监管机制和信用体系尚未健全的情况下，一些不法厂商在丰厚利益的吸引下往往不惜铤而走险。对于身处信息劣势地位的消费者而言，只能尽可能自我保护。按博弈论和信息经济学的理论，信息不对称造成的逆向选择和道德风险，是形成"柠檬市场"、导致安全农产品供给不足的主要原因。引起安全信息缺失的技术经济原因有很多，目前很多观点都是从供给层面上分析安全信息的缺失，但是，按照需求决定供给的经济法则，安全信息供给上的"失灵"一定有其需求层面上的诱因。何坪华等指出，收入差距的扩大不利于提高消费者对安全食品的意愿，消费者的某种态度和消费习惯，追求现代消费模式以及消费者的激烈竞争和消费者需求的分化，已经在一定程度上使消费者越来越远离安全信息，安全风险显著增加。③

---

① 刘成玉，胡方燕.消费者责任研究成果述评 [J].重庆社会科学，2009(2): 67-71.

② 马伯钧.论消费者责任 [J].消费经济，2018(2): 22-24.

③ 何坪华，何信生，周德翼.从消费者角度检视我国食品安全信息的缺失 [J].河南农业科学，2005(12): 93-97.

第二章　企业损害消费者利益的一般分析

第一节 企业损害消费者利益的现实必然性

一、企业利润函数的再分析

企业利润函数是分析企业行为的逻辑起点，需要再分析。[①] 新古典经济学采用完全理性和完全信息假定，将企业理解为在既定成本约束下，以利润最大化为目标的一组生产函数。这样，企业最关键的决策问题就转变为企业选择具有众多选择项的可行的最有效益的生产项目，并运用一系列高深的数学工具与方法及最优化原理求数学问题之一——数学规划问题的解。利润和价格唯一只反映了行为人根据最大化原则进行动态决策的结果，因而是经济活动的充分信息。按照这样的逻辑思路，在存在诸多假设的新古典经济学的一般均衡世界里就不可能存在所谓的企业社会责任问题。但现实世界与理论描述是不可相提并论的。理论可以从最一般意义上讲，是对现实的一种假设。

现代企业理论特别强调诸多假设，如存在机会主义、主体不完全理性、主体不完全信息等，在这样的逻辑推导下，企业虽然可以被看作替代市场的一系列的契约合同集合，但是信息更加不完全、不对称。在现代企业理论看来，企业契约代替市场契约并没有消除市场中的信息、激励、团队生产的外部性等问题，还会将这些复杂的问题带进企业内部，使企业内部大量产生因信息不对称而带来的机会主义，不可避免地在企业内形成委托—代理问题，进而产生米勒所谓的"管理困境"[②]，一旦产生困境，企业的生存与发展就没有保障。

尽管现代企业理论与传统的新古典经济学简单的生产函数"理论黑箱"有很大的进步，突破了"黑板经济学"的弊端，更接近科斯教授所

[①] 张衔，肖斌. 企业社会责任的依据与维度 [J]. 四川大学学报，2010(2): 85-90.
[②] 米勒. 管理困境 [M]. 上海：三联书店，2002: 1-2.

称的"真实的世界"，但是，所谓的现代企业理论重点考察与研究代理人的机会主义，而对委托人的机会主义基本忽略、不闻不问。按照这样的逻辑思路推理可知，现代企业理论忽视了企业消费者责任等。马克思主义经济学在经济学说史上独树一帜、特点鲜明。马克思作为最伟大的经济学家之一，在经济学巨著《资本论》中研究和探讨了资本运作的一般原理与实务，而且证明了资本在创造出巨大物质财富的同时，对人和自然造成巨大伤害，揭露了以利润最大化、价值最大化等为目标的企业损害广大消费者利益的逻辑必然性，正确预见了企业必须承担消费者责任的迫切要求，包括逻辑上的和现实中的。

用马克思著作《资本论》的逻辑思路分析，可以推导出无约束条件下企业机会主义行为的理论模型。

现在假定存在一个代表性企业，企业的机会主义行为的目的是最大化利润。首先，给定利润函数：

$$\max \pi = p.f(.) - C \qquad （2-1）$$

其次，显示结合企业机会主义行为（如依靠垄断等优势故意提高商品服务价格、偷工减料降低成本）时的利润函数：

$$\max \pi^* = p^*.f(.) - C^* \ (\ p^* > p, \ c > c^* \ ) \qquad （2-2）$$

因为价格与成本一升一降，$\pi^* > \pi$，所以 $\Delta\pi = \pi^* - \pi$ 就是企业采取机会主义行为策略而得到的机会主义利润。很明显，现实市场经济中的企业的机会主义偏好越强，企业生产商品与服务投入的各种成本就越低于国家所规定的标准，对消费者的效用水平、身体健康等损害就越大，如三鹿奶粉、假疫苗等恶性事件。当然，此时企业获得的超额非法利润就越高。按照马克思主义经济学，超额利润是指商品的个别价格低于社会生产价格的差额所构成的利润，即超出平均利润的那部分利润，而超额利润是诱发企业机会主义行为的根本因素，加上地方政府的优惠政策，企业机会主义行为很难避免。

二、企业损害消费者利益的现实原因

相对于分散的、无组织的、实力薄弱的、不具备专业知识的广大消费者，企业具有组织优势、实力优势、专业优势，消费者在与企业的利益冲突中处于弱势地位，很难与企业对等对抗，必然诱导一些非法企业突破规制、突破法律法规、不择手段地损害作为弱者的消费者的利益。消费者用法律维护自己的合法权益、正当权益，需要支付诉讼费、谈判、信息搜查等一系列成本。当消费者利益受到非法企业不正当损害后，最终的理性选择策略很可能是忍气吞声，或者搭便车，但是会形成消费者群体的"囚徒困境"，消费者整体性合法权益必然遭到损害。

企业损害消费者利益的另一个现实原因是政府规制不严格，执法强度明显不够。政府监管机制缺少操作规范性以及执法连续性，执法处罚力度也太轻、太小，起不到威慑作用，无法从成本收益方面解决规制问题。违规处罚太轻、违规的利益高，对于唯利是图、权衡成本收益的企业，缺少足够的震慑。约束激励机制不健全，必然导致企业不择手段、盲目追求利润最大化，严重损害消费者利益，损害社会福利。企业以盈利为目的，本身没错，但如果以牺牲消费者、员工，甚至国家的利益来赢利，问题就很严重。

第二节　企业损害消费者利益的行为分析

一、契约不完全与消费者利益损害

（一）契约关系：经济学分析

西方经济学一般坚持经济人假设，从人性自私自利出发，作为逻辑推理论证的起点。经济人可能为了获得最大化利益，损人利己、坑蒙拐骗、不择手段。著名学者易宪容教授主要从经济学的角度来解释契约，

契约是交易各方为通过这次交易增进自己的福利，而在双方或者多边交易过程中所约定、形成的一套权利权属的流转关系。①

诺贝尔经济学奖得主哈特教授将所有的交易都当作契约，以此研究经济问题。经济学的契约既包括法律上的明示契约、默示契约、双边契约，也包括现货交易、不受法律约束的各种契约。从契约经济学的角度看，法律属于第三方强制力量，是外生变量，而根据契约是否存在着第三方监督或强制执行的可能性，可以将所有契约分为显契约与隐契约两类。

马克思在《资本论》中对市场交易秩序有一段经典的论述："每一方只有通过双方共同一致的意志行动，才能让渡自己的商品，占有别人的商品。可见，他们必须彼此承认对方是私有者。这种具有契约形式的法权关系，是一种反映着经济关系的意志关系。"马克思对市场交易的秩序有两个基本的规定，一个是契约，一个是所有权（产权），其是市场秩序的两大微观基础。

（二）契约失灵与消费者权益问题

1. 契约的普遍性

契约从法律上讲，是签订的法律合同或者协议。经济学中的契约概念，无论在内涵上还是在外延上都表现得更为宽泛。从新制度经济学角度考察，商品交换实际是对拥有商品的权利的一种交换，契约就是当事人之间对这种权利交换关系的共同约定。

法律上的有形的、纸质版本的契约，相对比较固定。经济学中的契约不胜枚举，既有书面合同，也有一些默认契约（消费者与企业之间的契约）；不仅包括一些非人情式的交易契约（商业契约），还包括一些人情式的交易契约（习俗契约关系）。

契约关系是动态的，具有很多特性，如互利性、平等性、社会性、自由性、理性选择。② 交易或契约在现代商品经济条件下，分工发达，

---

① 易宪容．交易行为与合约选择 [M]．北京：经济科学出版社，1998：11-14.
② 易宪容．交易行为与合约选择 [M]．北京：经济科学出版社，1998：11-14.

自主决策具有很强的普遍性。在现实经济生活中，"契约是交易的侍女"，任何交易都是通过一定法律的或者非法律的契约形式进行的。交易双方在讨价还价中以一定的契约（合同）形式来调和与解决双方的利益冲突。

2. 契约主体假设与消费者权益问题

古典契约交易主体假设是基于"道德人"基础上的"经济人"。在古典交易市场上，交易者有着完全道德约束和充分的市场信息，交易是在双方可以完全预知交易结果的情况下进行的，所以古典契约基本不存在"失灵"问题。

新古典契约的理想中的交易是在市场出清的完美假设下（如不存在交易成本、信息完全、完全理性等），所有的契约都是价格与数量的交易，交易虽然能够有秩序地顺利进行，交易主体却脱不了道德外衣。现实生活远非假设那么简单，纠纷难免发生。一旦发生上述研究假设，"契约失灵"现象便普遍存在，交易一方（主要是消费者）权益受侵害问题也随之而来。

现代契约理论是在理论与现实的碰撞之下，对市场出清完美假设的质疑，放松假设条件，一步步走进现实世界，是对于新古典契约理论的革新与突破，并提出了"契约人"假定。契约人的一个重要的行为特征是存在各种机会主义行为。利己是应当的，不应直接批判，是个人前进的动力源泉，但是机会主义者会损人利己，契约人会利用一切可能的机会损害他人的利益，甚至靠坑蒙拐骗等下贱手段来为自己骗取不当得利。

诺贝尔经济学奖得主威廉姆森认为，由于机会主义源自信息的不完全或信息披露的不真实，特别是商家故意误导、责任人故意曲解、广告语含糊不清而导致混淆视听，所以会造成交易契约文件或者执行过程中具有不完全性。[①] 而防范机会主义行为，需要支付交易成本。就商品交易来说，所交易商品的技术越复杂、交易环节越复杂，交易成本就越高。在对成本－收益进行权衡的情况下，交易双方的理性选择是对契约内容的一些方面不予以充分地说明、界定，而是留有一定的"权利真空"。显然，在现实生活中，消费者就是这样落入"权利真空"的弱势群体，受人宰割、投诉无门。

---

① WILLIAMSOM.The economic institutions of capitalism[M]. New York: Free Press, 1985: 47.

二、信息不对称与消费者利益损害

（一）信息与公平交易

公平交易与信息密不可分。[①] 在新古典经济学中，交易就是商品从低评价主体向高评价主体转移，实现交易双方互利互惠。但新制度经济学认为，要想实现有效、公平的交易，必须具备非常严格的前提条件，如零交易成本、完全竞争市场、交易双方讨价还价能力相当等。而现实中任何商品或者服务的交易成本是不可能为零的。交易双方最终达成协议、妥协和合作凸显了交易双方议价、谈判、签约、履行合约的能力差异：社会政治地位、物质财产状况以及公开或者内部信息拥有量等的差异。很显然，信息拥有量的具体差异这一个因素必然会导致交易有损公平的初衷。

在高度分工的现代社会中，绝大部分人作为消费者而存在，常常需要做出各种消费决策，而正确的消费决策有赖精明的决策主体、科学的决策方法以及充分的决策信息，而这三者缺一不可。[②] 消费者决策需要多种资源消耗，而信息起着非常重要的作用，它是消费者做出正确的消费决策的必要基础。交易双方都需要分析双方的信息资源，拥有弱势信息的一方往往不能充分做出决定。而就消费决策而言，信息至少在绝对质量和相对质量两个层面对其产生影响和作用。

在现代市场经济体制中，交易信息的质量、分布以及流动对交易公平具有巨大的影响。消费是一种经济决策活动，对单个的消费者而言，买与不买商品、买这种商品还是买那种商品以及具体交易条款的确定都是一个决策选择的问题，而一旦选择，就涉及信息。市场内部虽然也能产生一些信息，但总是极不充分的。而消费信息的错误、不充分与不对称是消费者在消费决策时面临的主要难题，这使强制性制度（政府）的支持成为必需。

---

① 应飞虎.信息、权利与交易安全[M].北京：北京大学出版社，2008：5-11.
② 应飞虎.信息、权利与交易安全[M].北京：北京大学出版社，2008：5-11.

（二）信息不对称下的消费者利益损害

信息的不完全与不对称导致"契约人"的有限理性和机会主义行为，进而导致消费者利益遭到损害。[①] 信息不对称在现实的经济活动中可谓无所不在。在市场商品交易方面，其一般表现为企业确切地知道其所提供的商品或服务的质量，但消费者不知道，并且企业为了自己的利益最大化而故意"隐瞒信息"。企业利用专业的信息优势，利用消费者的"无知"来欺骗消费者，采取机会主义行为损人利己。

按照消费者获取商品信息情况，商品可分为三类：第一类商品被称为搜寻商品（search goods），消费者在购买此商品前已掌握充分的信息，通过触摸、掂量和审视即可辨别商品的好与坏；第二类商品被称作经验商品（experience goods），其品质鉴定并不那么简单，因此，消费者在购买商品和服务之前缺乏良好的质量信息，只有在购买后经过长时间的使用才能判断其质量到底如何；第三类商品被称为信用商品，依据常识很难判断这种商品的品质，必须依靠专业工具进行检测。尤其是第三类商品，为一些不法企业制假售假行为提供了难得的客观便利条件。

如图 2-1 所示，S 为普通商品的供给线，D_1、D_2 分别为优质商品和普通商品的需求线。如果市场是充分的，则消费者剩余为 $A+B$，生产者剩余为 C，但存在信息不对称的情况时，当生产者利用信息优势通过扭曲市场价格 P_2 和消费者进行交易时，消费者剩余就变为 A，生产者剩余就变为 $B+C$，则消费者剩余中的 B 部分就被生产者剥夺，从而使消费者福利水平降低。消费者为了维护自己的利益，被迫花费许多金钱、时间、精力鉴别和判断商品，造成交易成本上升，影响了生活质量。

[①] 应飞虎.信息、权利与交易安全 [M].北京：北京大学出版社，2008：11-15.

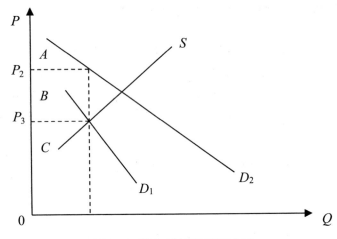

图 2-1　消费者被剥夺机制分析

道德风险是经济学中常见的一个概念，指在不同交易过程中从事经济活动的人在最大限度地增进自身效用时做出不利于他人的行动。[①] 在信息不对称的情况下，合同当事人因合同签订后发生了什么事并不完全了解，因此无法区分业务风险是由交易对方引起，还是因客观因素引起，信息优势方会将自己行为不当产生的后果转嫁给信息劣势方，从而推脱责任，而信息劣势一方的利益必然受到不同程度的损害。[②] 在消费中，当互补品由两个企业生产时，双方可能因为责任不清而出现"扯皮"现象，致使消费者无法顺利维护自己的权益。另外，在发生耐用消费品或服务交易时，因为商品价值较大，寿命较长，使用过程中的不确定性很高，企业可能让契约含糊不清，从而产生道德风险，如常见的装修合同纠纷，装修公司在装修合同中设置各种陷阱。在现实社会中，由企业提供的格式化合同（实质上是霸王合同）日益增多，往往用含糊不清的语言来描述合同内容，纠纷发生后企业会利用这点来偷换概念或消除自身责任，致使消费者有苦难言，"在存在道德祸因的交易过程中，最优契约不可能或只能得到次优解"。[③]

---

① 易宪容. 交易行为与合约选择 [M]. 北京：经济科学出版社，1998：147-148.

②HOLMSTROM.Moral hazard and observability[J]. CORE discussion papers RP, 1979, 10(10): 74-91.

③ 易宪容. 交易行为与合约选择 [M]. 北京：经济科学出版社，1998：155.

三、垄断与消费者利益损害

英国、法国、德国、美国等老牌资本主义国家在 19 世纪末 20 世纪初经历第二次工业革命，逐步由资本主义自由竞争阶段走向垄断阶段。垄断企业如石油巨头、钢铁巨头、汽车巨头等的出现，彻底破坏了自由竞争的市场经济秩序，使广大普通消费者和垄断企业的实力对比严重失衡，消费者一贯表现的"弱者"地位更加突出。交易自由性、平等性原则遭到根本性扭曲，形式上的平等也不存在。垄断严重损害了消费者的合法权益，并且愈演愈烈。垄断企业对消费者权益的损害如图 2-2 所示。[①]

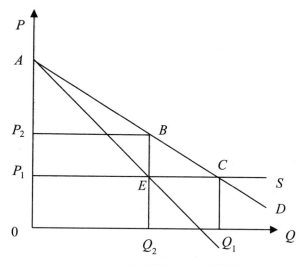

图 2-2　垄断寻租与社会福利损失

具体分析如图 2-2 所示，其中 AD 曲线表示消费者的需求曲线，P_1S 曲线表示供给曲线。市场经过充分竞争转变为完全竞争市场类型时，市场最终的均衡价格为 P_1，所得出的消费者剩余为 AP_1C 图形所表示的三角区域。但如果市场是独家企业完全垄断市场类型时，垄断企业就会将价格定在 P_2，此时消费者剩余部分将会变为 AP_2B，减少了 P_2BP_1E 区域。从全社会来看，P_2BP_1E 将变为垄断企业的生产者剩余，因垄断而产生的全社会福利净损失为 $\triangle BEC$ 这个三角形区域，此区域也被称为"哈伯哥三角区"。

① 汤敏，茅于轼.现代经济学前沿专题 [M].北京：商务印书馆，1993: 149-153.

垄断企业凭借其垄断资本控制和垄断了社会主要产品的生产和销售，而且随着市场竞争的加剧，垄断企业为了追求利润最大化，采取了更加隐蔽和巧妙的营销手段（如捆绑销售、情感营销、假慈善等），这使得消费者不能根据自己的意愿选择交易对象，也不能在平等的基础上与交易对方协商决定交易的内容。垄断企业利用请法律专家提前拟定好的标准合同（如各种只需要签名的格式合同），强制性地决定商品或者服务的交易条件，通过各种技巧在合同中设定对自己企业有利的霸王条款，利用各种所谓的"免责条款"巧妙地免除自己本应承担的责任。消费者在这种交易当中根本没有权利选择缔约方，无法自主决定是否签约，无法变更合同内容和形式。

目前有两种形式的经济垄断：一种是价格控制和价格串谋；另一种是价格歧视。

（一）价格控制和价格串谋

价格控制常发生在企业的纵向联系中，主要指企业对流通领域商品价格的控制。独家代理商或经销商便是其主要表现形式。

价格串谋常发生在企业的横向关系中。横向关系主要有两类：一类是流通企业之间的横向并购等，通过横向并购扩大企业规模，提高市场占有率，形成事实上的垄断地位；另一类是企业之间的价格串谋。例如，近几年在我国不少城市市场上，方便面巨头康师傅、统一等齐涨价，且涨价幅度基本一致。这就明显地存在串谋和"通气"现象，是一种垄断。

（二）价格歧视

价格歧视是指企业针对不同的消费者而定价不同的歧视性行为。企业根据自己所估计的消费者需求弹性的情况，对消费者分档分类。企业通过向低需求弹性的消费者提供服务、收取较高价格来获取更多的消费者剩余，如航空公司对商务旅客收取较高的票价，日本汽车企业对欧美、中国、南美、东南亚等不同国家和地区的市场定价差异较大，这些均属于典型的价格歧视。

事实上，市场定价要求以公平竞争和完全竞争为基础。只有这样，所形成的价格才能真正优化资源配置。在实际市场运行中，竞争往往既不公平，又不完全。上述价格歧视都会对正常的竞争秩序产生破坏作用，对此，价格歧视应成为流通政策和市场规制的重要对象，政府应进行积极的规制，保证公平公正、竞争有序的市场环境。

第三节 企业损害消费者利益，造成福利损失

诺贝尔经济学奖获得者萨缪尔森在《经济学》（第十版）中说过："现代经济学一定要把数量视作神明而忽视生活的质量吗？能否用一个更有意义的尺度——NEW，来补充 GNP 的不足？"[①]NEW 这个概念是诺德豪斯和托宾于 1922 年首先提出的，它是 GNP 调整后所得到的值，应该加入闲暇等消费活动，如旅游、文娱等增进健康的活动，并减去污染所造成的各种损失（污染损害人体健康，意味着生活的恶化和消费的不满足）来代替官方统计局公布的 GDP、GNP，以衡量经济净福利。

一、转基因食品对消费者的潜在风险

转基因食品是近几年大众广泛讨论的热点话题，涉及官方及民间，如农业农村部、网民等。以转基因技术改造过而产生的各种原料加工生产而成的食品就是"转基因食品"。中国湖南衡南县江口镇曾发生黄金大米事件，几十名小学生被当作试吃转基因大米的"小白鼠"，这一事件令人触目惊心。

2010 年 3 月，全国政协十一届三次会议中民主党派之一的致公党中央提交一个重大议案——《关于进一步加强转基因食品安全性认知》[②]，这一高质量提案认为，转基因食物虽然经过生物技术所谓的高科技改造，但是还没有经过长期的、正规的、合法的安全性试验，还存在许多不确定的如抗药性、过敏、微量元素、基因突变、破坏生态等因素，其危害甚至是终身携带的、不可逆转的。

① 萨缪尔森.经济学（第十版）[M].北京：商务印书馆，1982：5-6.

② 乌有之乡.今年人大政协两会上转基因话题成为焦点议题提案 [EB/OL].(2010-03-16) [2013-05-14]. http://www.wyzxsx.com/article/class4/201003/137634.html.

许多欧洲国家如法国（法国科学家经过严格的实验证实：美国跨国巨头孟山都公司创造出来的一种转基因玉米弊大于利，因为以它为原料制造出来的食品对人体的肝脏、肾脏具有毒性）等积极抵制转基因食品上市。

经济学家郎咸平在其著作中称之为"阳光下的投毒"[①]——事实是"转基因大豆"已经使得巴西 44% 的 15 ~ 55 岁的育龄妇女永久性绝育；"杀精玉米"更使得中国广西 56.7% 的大学生精子质量异常……

二、消费者利益损害与长期经济增长

在宏观经济学中研究长期的经济增长，根据经济增长核算分析总产出。总产出主要取决于两方面：一是生产要素的投入数量；二是生产要素效率的提高。在生产要素数量一定的情况下，经济增长主要取决于生产效率。根据索洛模型和内生增长理论，影响生产要素效率的主要因素有技术进步、人力资本积累以及制度创新。消费者也是要素所有者，消费者利益受到损害，生命财产受到侵害，则物质资本和人力资本都受损，甚至影响人口的再生产，以及影响长期的经济增长。消费者货币购买力下降、消费者身体健康受到侵害、生育能力下降长期侵蚀跨代经济增长的动力基础，如此下去，必然会危害经济发展，影响中华民族伟大复兴的进程。尤其在现代社会，人力资源是第一资源，人力资本是第一资本，科学技术是第一生产力，所以我们必须高度重视消费者的要素所有者身份，加强消费者权益保护，加强企业消费者责任治理机制建设，筑牢经济长期稳定可持续发展的基础。

第四节 帕累托最优原理与"斯密难题"

一、帕累托最优原理中的伦理正义

一个国家发展经济的最终理想标准是达到帕累托最优状态，各种人

---

① 郎咸平.新帝国主义在中国 [M].北京：东方出版社，2010：156.

力、物力、财力、环境自然资源要素得到合理的、最优的配置。诺贝尔经济学奖获得者布坎南认为："帕累托原则近似于这样一个原则：社会安排在下述意义，即在追求一种帕累托佳态和帕累托优态的努力，都承认一些人的得到不应使其他人不利的意义上，应当是互利的。"① 帕累托最优状态规律是庇古开创的西方福利经济学大厦的重要根基，它隐含着企业"伦理经营"的价值判断。在这样一个经济系统中，一个人的最优不会影响他人的优化，这不仅能增加自己的经济利益，还可以增加整个社会的经济效益，这是符合道德的资源最优配置状态。与之相对应，如果一个人的理想手段是通过损害他人的利益而发财致富，那么其是违反企业正常伦理要求的。② 帕累托标准与商业企业道德价值判断深度融合。企业伦理需要企业在追逐利润财富的同时，不以牺牲国家行业法律法规和现代社会企业伦理而获取非法利润，这与帕累托最优状态下的"不损害他人"是相互关联的，与内在基本原理实质性相通。③

二、企业视角下的"斯密难题"的破解

经济学鼻祖、市场经济之父斯密留下了两本巨著：《道德情操论》（1759年出版，后多次修订）和《国富论》（1776年出版）。在《道德情操论》中，亚当·斯密特别强调道德；在《国富论》中，亚当·斯密特别强调经济，而两者相互融合在一起时，以伦理的标准看待经济人的利己行为明显是不道德的，而以经济的标准看待道德人的利他行为也是不道德的，这就是现实世界和逻辑上都存在的"斯密难题"。

从面世时间来看，先出版《道德情操论》，后出版《国富论》，《国富论》虽然被称为近代经济学的开山之作，但是斯密本人却觉得《道德情操论》的学术地位比《国富论》更高，前后不厌其烦地修订、完善，出版次数达到六次。每个人都有"利己心""利他心"，两者可以兼容，必须用自己的"利他心"为他人的"利他心"服务，而根据自己的间接"利他主义"来满足自己的"自我"，即"利己心"。只有利己动机和利他行为的完美

---

① 布坎南.伦理学、效率与市场[M].北京：中国社会科学出版社，1991：16.
② 夏绪梅.企业理学[M].北京：科学出版社，2008：25.
③ 夏绪梅.企业理学[M].北京：科学出版社，2008：25.

结合，才是市场经济下的理想的伦理道德体系，才能破解斯密难题，才能实现经济与道德的有机统一，才能实现斯密所强调的是非观念与经济效用的水乳交融，既追求了自己的物质利益，又没有伤害到别人，实现了一方面追求自身物质利益，另一方面增进社会和谐的双重伟大目标。①

实现个人利益的前提是必须充分尊重他人和社会的利益，最起码不损害他人合法利益。只有遵守市场经济伦理，如诚信、守法等，才可以使个人的长期利益最大化。马克思认为生产商品即生产社会使用价值。②微观主体的企业是在一定的政治、经济、社会、文化中生存和发展，只有融入当地的环境，不被当地环境所排斥，企业才能健康发展，才能有利于社会的进步和经济的繁荣发展。著名学者德鲁克指出，企业的目的必须在企业本身之外。事实上，企业的目的必须在社会之中，因为工商企业是社会的一种器官。③

三、消费者利益损害与一般均衡

一般均衡理论的基本思想是考察整个经济系统所有市场的相互联系。早在 1874 年，法国经济学家瓦尔拉斯就在《纯粹经济学要义》一书中建立了一套一般均衡理论分析框架。一般均衡理论的实质是说明整个经济体可以处于稳定的均衡状态。在均衡状态中，消费者可以获得最大效用，企业家可以获得最大利润，生产要素的所有者可以得到最大报酬，整个社会福利达到帕累托最优状态。一般均衡理论首先经过局部均衡论证，后来经济学家阿罗、德布鲁和哈恩等人运用高深精尖的数学工具加以精妙地论证，在形式上显得更加完美，达到斯密所论证的"看不见的手"的完美状态，也是整个微观经济学的主要目的之所在。

新古典框架思路是把一般均衡作为最理想的、效率最高的、最完美和谐的参照系和判断标准，来断定现实中的经济运行状况是否理想，如果两者之间出现差异，就认为现实世界基本属于"市场失效"。但是，一般均衡的存在性定理，只不过为一个数学问题提供了一个较完美的合理

① 夏绪梅. 银行经济行为选择中的伦理取向 [J]. 生产力研究，2008(21)：30-32.

② 马克思. 资本论（第 1 卷）[M]. 北京：人民出版社，1975：54.

③ 德鲁克. 管理：任务、责任、实践 [M]. 北京：中国社会科学出版社，1987：81-82.

解释。完全竞争模型是一个理想经济模型，如果实际运行偏离了这些假设，如垄断、信息不对称、消费者偏好改变、科技革命和制度巨变等，现实市场必然产生次优、非理性及混乱。法国学者皮凯蒂在其专著《21世纪资本论》（被称为《资本论》的 2.0 版本）中经过大量数据论证，西方两个多世纪以来，整个的趋势是资本的回报率远远高于劳动的回报率，贫富差距扩大，所谓的市场根本就没有均衡。山东大学经济研究中心谢志平教授在其著作《在交易成本不为零条件下的一般均衡分析》中，指出交易成本破坏了福利经济学第一基本定理、第二基本定理的满足，并从三个方面对社会福利造成巨大的影响：效益成本将直接使消费者拥有的资源贬值，从而减少消费者的预算水平；交易成本将直接从交易者的交易活动中消耗有限的资源；交易成本将减少企业的利润总额，从而减少消费者可分得的利润收入。

完全竞争模式下得出的一般均衡理论模型是建立在一系列严格的假设条件之上的，显而易见的是，这些假设条件在现实市场经济条件中或者过于苛刻，或者根本不存在。例如，消费者偏好不变、技术不变、消费者完全理性、信息完全及信息对称，按照这一堆假设推理而得到的一般均衡模型中不存在消费者利益受到侵害的问题，也不存在企业消费者责任治理问题。

第三章　企业消费者责任理论分析

第一节　企业消费者责任概述

学者对企业社会责任尚未达成共识，但从本质上讲，所有学者的观点可以概括为反对企业社会责任理论、单一企业社会责任理论和多元企业社会责任理论这三类。反对企业社会责任理论和单一社会责任理论都认为企业的唯一目标是最大化股东利益，反对任何其他形式的社会责任。随着企业规模的扩大和实力的壮大，其社会、经济、政治、文化等方面的影响力逐渐扩大，政府和公众对企业社会责任的期望和要求也越来越高。相应地，企业的社会责任应逐步从单一的社会责任转变为多重的社会责任，多元社会责任的内涵不断丰富和发展。[①]

一、企业社会责任的含义与实质

企业社会责任的具体内容，在不同国家、不同行业的不同历史时期可能不同。[②] 美国经济发展委员会于 1971 年发表了《企业的社会责任》报告，在报告中企业社会责任项目一共列举了 58 种，种类繁多。但是，无论具体内容如何，范围不超过卡罗尔（Carroll）提出的四个方面，即经济责任、法律责任、道德责任和慈善责任。[③] 这四项责任构成了从工具到道德的连续体。

（一）企业社会责任同心圆模型

美国经济发展委员会（CED）在 1971 年的《工商企业的社会责任》报告中指出："企业应该对美国人民提高生活质量做出更多的贡献，而不

---

① 卢代富.国外企业社会责任界说述评 [J].现代法学，2001(3)：137-144.

② 陈迅.企业社会责任分级模型及其应用 [J].中国工业经济，2005(9)：99-105.

③CARROLL A B.The pyramid of corporate social responsibility: toward the moral management of organizational stakeholders[J].Business horizons, 1991, 34(4): 39-48.

仅仅是提供产品和服务的数量。"本报告详细阐述了"三个中心圈"(图3-1)中的企业社会责任,其中内层圆包括产品、就业和经济增长等有效执行经济职能的最基本的责任;中层圆包括在执行经济职能时对变化的社会价值及偏好的敏感知觉责任,如环境保护、雇佣及与员工的关系、向顾客提供更多的信息、公平对待和预防伤害;外层圆包括企业应承担的新出现的和未明确的责任,包含企业更大范围地促进社会进步的其他无形责任,如消除社会贫困和防止城市衰败、广泛参与改善社会环境的活动、解决贫困问题等。

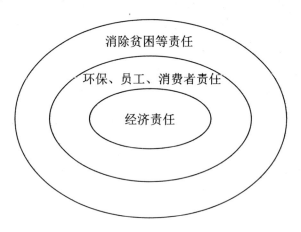

图3-1 企业社会责任同心圆模型

(二)企业社会责任的金字塔模型

卡罗尔提出了企业社会责任的金字塔模型[①],如图3-2所示。经济责任处于金字塔底层,是企业的首要责任和基础责任。经济责任事关企业的根本,事关企业的生存和发展,如果企业没有经济利益,讨论其他三个方面的责任必然会失去意义。第二层次是法律责任。第三层次是伦理责任,公司有义务做到公正和公平,并避免或最小化对利益相关者(员工、消费者、生态环境等)利益的损害。在金字塔的顶端,是慈善责任,公司将成为一个良好的企业公民,履行慈善责任,提高社会的福利水平。

---

①CARROLL A B.The pyramid of corporate social responsibility: toward the moral management of organizational stakeholders[J].Business horizons, 1991, 34(4): 39-48.

卡罗尔认为，公司需要把金字塔模型看作一个整体。[①] 企业履行社会责任，一般是从低到高进行，但应同时履行所有社会责任，包括经济责任、法律责任、道德责任和慈善责任。卡罗尔还指出，虽然这四个责任领域经常发生冲突，但它们也密切相关。

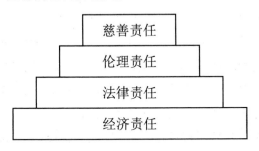

图3-2　企业社会责任金字塔模型

（三）企业社会责任的三角模型

陈志昂、陆伟从企业社会责任的供给与需求角度进行分析，提出了企业社会责任三角模型[②]，如图3-3所示。

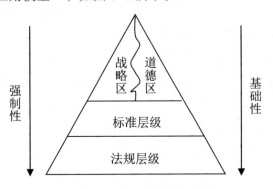

图3-3　企业社会责任三角模型

该模型的底层是法规层级。这一层次的企业社会责任供给是强制性的，在这个层次上企业要严格按照法律法规的规定行事，属于服从性的行为。由于这一层级具有强制性和双赢性，法规层级构成了企业社会责

---

①CARROLL A B.The pyramid of corporate social responsibility: toward the moral management of organizational stakeholders[J].Business horizons,1991,34(4): 44.

② 陈志昂,陆伟.企业社会责任三角模型 [J].经济与管理,2003(11): 60-61.

任性行为的供应基础，一个社会绝大多数企业的社会责任行为是由这一层级提供的。这一点正如右边的垂线所表示的，即法规层级的基础性最强。第二层级称为标准层级。其中，企业社会责任行为是合规行为，是按照社会风俗习惯（可称为社会标准）、行业标准从事的。在大多数情况下，如果你不遵守的话，公司可能不会被消费者认可或从市场竞争中被挤出，所以公司一般选择依从行事。这时，对企业的强制性已经削弱，使其作为强制监管层面的作用的基础不那么重要。最高层级是战略区和道德区。图 3-3 用一条波浪线分为战略区和道德区两部分。左边称为战略区，右边称为道德区。从两个垂直线的角度来看，该层级的强制性和基础性是最弱的。战略区包括基于战略考虑的管理者采取的行动。这个区域的行动虽然有点风险，但是公司总经理或者 CEO 是基于利润来行动的，是对消费者、竞争对手、员工、法律等内部和外部的压力做出积极的回应。

张衔等认为，企业社会责任（CSR）除了企业的经济责任和法律责任，还反映了企业与社会的关系责任，可以分为强制性社会责任和选择性（自愿）社会责任。[①] 强制性社会责任以禁止损害和损害赔偿为原则，自愿社会责任以福利增进为原则。强制性社会责任属于企业必须履行的最低责任要求，无论企业的规模、行业属性和企业性质如何，都必须履行。一旦违约，必须进行赔偿，并受到相关制裁。选择性社会责任不是强制要求企业履行社会责任，而是以企业自愿选择为基础。强制性社会责任的内容将随着社会经济的发展以及企业的成长和企业伦理的成熟而改变。在这个阶段中，企业强制性社会责任的对象主要是员工、消费者、客户、环境和社区。在企业社会责任的评价中，强制性社会责任是否实施是评价标准的基础。

二、企业消费者责任

顾客购买公司的产品或服务，就能成为商业客户。一般认为，企业和消费者是相互矛盾的统一。企业要想利润最大化，必须依靠消费者购买产品实现，消费者购买越多的产品，企业获得的商业利益越高。企业

① 张衔，肖斌. 企业社会责任的依据与维度 [J]. 四川大学学报，2010(2)：85-90.

如果生产质优价廉的产品，就能充分满足消费者的需求，推动商品的销售，带来巨大的利润；如果产品的质量低下，企业为了利益而不惜诱骗消费者，"为了利润而利润"，企业利润最大化的目的难以长期实现。企业出于利润目的为消费者提供产品和服务，为消费者提供质优价廉、安全、舒适耐用的商品，满足消费者的物质和精神需求是企业义不容辞的责任。消费者责任体现了维护消费者权益，根据《中华人民共和国消费者权益保护法》，消费者有知情权、选择自由权和听证权等。消费者的权利的确定，使消费者的利益受到损害时，企业必须负责任。

常言道，消费者是上帝，消费者具有最终决定权，有"货币选票"。离开了消费者的货币选票，企业所谓的利润便成了空中楼阁、无源之水。根据马克思经济学，没有消费者购买商品的使用价值，从商品到货币之间就实现不了"惊险的一跃"。对消费者的责任主要体现在《中华人民共和国消费者权益保护法》等相关法律法规上。《中华人民共和国消费者权益保护法》第二章规定了消费者的安全保障权、知情权、选择权等9项权利，第三章为经营者列举了听取意见、接受监督等14项义务。这些经营者的义务，更是企业的责任，如企业生产符合国家法律和标准的产品，提供优质服务；企业提供产品和服务，必须符合消费者安全的要求；企业应为消费者提供真实信息，不得做出误导性的虚假宣传。如果企业缺乏诚信，缺乏社会责任，做出违背消费者利益的行为，必将导致大量的经济纠纷，不利于社会的和谐与稳定。

第二节　企业消费者责任相关理论

一、利益相关者理论

利益相关者理论坚持企业和员工、消费者、供应商及其所在社区在决策中有一定的利益，企业应充分考虑其相互利益。[①] 弗里曼首先利用利益相关者理论回答企业社会责任的概念问题，利益相关者被定义为"任

---

① 杨玲丽. 企业社会责任理论述评 [J]. 兰州学刊, 2007(2): 105-108.

何可以影响或受组织目标实现所影响的组织或个人"。他将利益相关者分为六类：股东、员工、消费者、供应商、企业所在的社区和地方及联邦政府，企业有不同的责任种类或有各不相同的"社会合同或者契约"。他指出，这些利益相关者处于不同层次，受到公司行动的不同影响。[①] 与一般具体问题或公共责任原则不同，利益相关者理论清楚地表明了企业社会责任管理的目标和相关责任，打破了传统对股东利益至上的观点，为实施企业社会责任提供了一个新的分析平台。

利益相关者的定义和理论贡献表现在利益相关者理论是对"股东优先"原则的修订。以弗里曼为代表的"股东第一"理论认为，企业存在的唯一目的是最大化利润和最大化股东利润。而利益相关者理论却主张，管理人员具有为所有利益相关者的利益服务的受托责任，企业利益相关者有责任参与企业决策，企业具有为所有利益相关者服务的诚信义务，目标应该是促进所有利益相关者的利益，而不仅仅是股东。[②] 利益相关者理论认为，企业是由多个利益相关者组成的"合同联盟"。公司贡献不仅来自股东，还来自企业员工、供应商和消费者。股东提供物质资本，其他利益相关者提供除物质资本以外的人力资本。企业不再是物质资本的简单收集，而是对投资的专门机构安排的治理和管理，实质上是各种形式的合同的集合。公司风险不完全由股东承担，其他利益相关者也承担企业的风险。[③] 因此，企业所有者不能局限于企业的股东，所有利益相关者都是企业的所有者。利益相关者的权力是独立和平等的，他们共同拥有企业的所有权。利益相关者理论在挑战"股东至上"原则的同时，在一定程度上为企业社会责任理论的发展铺平了道路。因为企业社会责任理念的一致思想是"改变企业的唯一使命是增加股东的利益、提高企业的价值"的狭隘观点，所以企业应该站在更高的角度，考虑其利益相关者。而作为一个整体，企业应该承担一定的社会责任。

① FREEMAN R E. Strategic management: A stakeholder approach[M].Boston: Pitman, 1984: 84.

② 杨玲丽.企业社会责任理论述评 [J]. 兰州学刊，2007(2): 105-108.

③ 朱方明.企业经济学 [M]. 北京：经济科学出版社，2009: 292-302.

二、企业社会响应（回应）理论

威廉·弗雷德里克（William C. Frederick）于 1978 年第一次提出了把企业社会响应称为 CSR_2。在 CSR_2 的定义中，一个很有共识的定义是弗雷德里克提出的，CSR_2 是"一个企业对社会事务响应的能力"。卡罗尔对企业社会响应研究的关注点是企业如何履行社会责任。"企业社会响应是企业社会责任的另一种表现形式，它是以行为为导向的社会责任"，其实质上与企业社会责任是一致的。

企业社会回应（corporate social responsiveness，CSR）是继企业社会责任之后出现的一个概念，它表示企业对社会压力的回应。戴维斯（Davis）认为企业采用五种方式回应社会压力：逃避责任、进行公关、诉诸法律、协商、解决问题。[①]

还有一些学者从消费者响应（consumer response）的角度专门对企业社会责任与经济绩效之间的关系进行了实证研究。布朗（Brown）和达钦（Dacin）从市场营销的方面证实，企业承担社会责任的行为间接影响消费者的购买倾向。[②] 拉弗蒂（Lafferty）和戈德史密斯（Goldsmith）的研究结果表明，企业对环境保护和慈善事业的贡献可以导致积极的信任，企业信任对消费者购买意愿和品牌有显著的影响。[③] 巴塔查里亚和森（Sen）的研究进一步发现，企业社会责任程度对消费者产品评价具有重要影响，并证实了消费者个人特征，消费者对企业社会责任和企业能力的信心，企业社会责任与消费者购买意向之间的关系，消费者对企业的社会责任行为支持

①DAVIS K.Can business afford to ignore social responsibilities[J].California management review,1960,2(3):70—76.

②BROWN T J, DACIN P A. The company and the product: corporate associations and consumer product responses[J]. Journal of Marketing ,1997,61(1):68—84.

③LAFFERTY B A, GOLDSMITH R E. Corporate Credibilitys' Role in Consumers' Attitudes and Purchase Intentions When a High versus a Low Credibility Endorser Is Used in the Ad-Recipients' Access to Attitude-Relevant Information in Memory [J]. Journal of Business Research, 1999, 44(2): 109—116.

和调整。① 莫尔（Mohr）和韦伯（Webb）研究表明，企业较高的社会责任水平会提升消费者对企业商品的购买意愿；企业较低的社会责任水平会较大程度地削弱消费者的购买意愿，只有降低产品价格，消费者才会意愿购买。② 由此可知，企业保护周围环境或给员工提供人性化的关怀，消费者会增强对其产品质量的信任，有利于提高企业的经济绩效。③

企业视角和行动导向是公司社会响应最大的特点。转向 CSR₂ 的理由是，企业社会责任只包含企业的责任和责任动机，不包括企业在社会责任领域的一系列具体行动和所带来的后果。卡罗尔等认为，公司应该经常将社会责任问题作为企业生存环境问题的一个重要影响因素，如果评估企业绩效（类似于财务指标）的标准是一种短视的行为，企业应从长远计，将企业社会责任纳入战略层面。④

三、经济伦理理论

经济伦理学是对经济发展和经济行为以及社会道德规范的研究。从微观、中观和宏观层面来分析，企业伦理处于中观层次。

"平衡企业"的概念是乔治·A.斯蒂纳依据经济伦理的观点提出的。⑤ 其认为，作为道德行为者的企业具有经济、社会和环境责任。它与所有层面的其他行动者相关，必须以平衡的方式考虑所有方面。既然经济责任不能完全由社会和环境责任来取代，那么社会和环境责任也不能完全由单纯履行经济责任来承担。他认为，社会包括经济、政治、社会文化和环境几

①SEN S, BHATTACHARYA C B. Does doing good always lead to doing better? Consumer reactions to corporate social responsibility[J]. Journal of Marketing Research, 2001, 38(2): 225-243.

②MOHR L A, WEBB D J. The effect of corporate social responsibility and price on consumer responses[J]. Journal of Consumer Affairs, 2005, 39(1): 121-147.

③周延风，罗文恩，肖文建.企业社会责任行为与消费者响应——消费者个人特征和价格信号的调节 [J].中国工业经济，2007(3): 62-69.

④CARROLL A B, SHABANA K M. The business case for corporate social responsibility: a review of concepts, research and practice[J]. International journal of management reviews,2010,12(1):85-105.

⑤乔治·斯蒂纳.企业政府与社会 [M].北京：华夏出版社，2002: 3-81.

个领域，每个领域都不能为了另一个领域的利益而被完全工具化。他还认为，与利益相关者理论相比，平衡企业的概念是从经济、社会和环境方面阐述企业应该做什么问题，这两种方法并不矛盾，可以说是相互补充的。[1]

经济伦理的社会责任理论主要表明，企业的发展不能偏离社会道德伦理规范，而应该符合社会道德伦理规范，符合公众的期望和均衡发展的经济和社会。企业履行企业社会责任，不仅是企业的自发型行为，还需要自觉地履行符合社会公序良俗、伦理行为的道德责任。

四、企业社会契约论

20 世纪 80 年代中后期，许多学者开始深入企业内部，尝试利用现代企业理论的最新成果和社会契约理论去解释企业社会责任的起源和发展，形成了企业社会契约理论。现代企业理论认为，企业是明确合同和法律实体形成的隐性合同之间的不同个人或组织。其既包括企业的经营者和签署经济合同的雇员之间的合同，也包括商业和地方社区和政府之间的社会契约。

乔治·斯泰纳（George Steener）和约翰·斯泰纳（John Steenner）通过《企业、政府与社会》提出了一个社会契约，他们指出，企业的影响力是企业通过行动来改变社会的力量，企业影响力是企业社会责任的源泉，能够有效地将资源转化为产品和服务，回报社会赋予企业采取必要和合理的行动来获得投资回报的权利。[2] 企业和社会之间的这种协议就是一种企业社会契约。

梅兹纳尔（Meznar）和耐维拉（Nigh）以及布卢门特力特（Blumentrit）指出了不同的企业战略对企业履行社会契约的影响，实际上将（外部的）社会契约内化在企业战略之中，即企业社会契约。

五、企业消费者责任与企业战略

如何实现企业社会责任和企业发展战略的内在统一，获取竞争优势

---

① 斯蒂纳.企业、政府与社会 [M].北京：华夏出版社，2002: 93.

② GEORGE STEENER, JOHN STEENNER. Business,government and society[M]. New York: The McGraw-hills Companies, Incs., 2003.

和赢取商业利益是企业社会责任的重要研究领域。菲利普·科特勒从营销的角度思考，认为企业通过扩大公益活动，可使企业获得更多的机会，促进企业社会责任与企业利益实现双赢。[①]

六、可持续发展理论

1961 年，蕾切尔·卡逊（Rachel Carson）在其著作《寂静的春天》中最早提出可持续发展概念。1972 年，芭芭拉·沃德（Barbara Ward）和勒内·杜博斯（Rene Dubos）在《只有一个地球》中，将人类对生存与环境的认识推向一个新的境界，即可持续发展的境界。1972 年，罗马俱乐部在《增长的极限》研究报告中明确提出"可持续增长"和"合理的可持续发展平衡"理念。1987 年，世界环境与发展委员会在《我们共同的未来》报告中进一步发展了"可持续发展"的概念，该概念提到满足现在的需要而不影响后代需要的发展能力。1992 年，联合国环境与发展会议通过《21 世纪议程》《联合国气候变化框架公约》，正式提出了可持续发展战略，从此在全球范围内掀起了可持续发展的浪潮，深刻影响了各国政府和企业的理念和行为。

学者将可持续发展的理念融入现代企业研究，提出一种理论，即企业的可持续发展。[②] 李培林指出，企业可持续发展是指企业在追求自身利益最大化的过程中，以社会责任为出发点，环保、高效地利用资源，不断进行创新，满足业务利益相关者的合理要求，实现持久业务（超过行业平均生命周期）。[③] 企业社会责任作为"第三大力量"，在一定程度上弥补了政府干预和市场调节的缺陷。[④] 刘力钢指出，企业的可持续发展是指企业在追求自我生存和可持续发展的过程中，既要考虑企业经营目标的实现和提高企业市场地位，又要保持企业在已领先的竞争领域和未

---

① 科特勒. 企业社会责任——通过公益事业拓展更多的商业机会 [M]. 北京：机械工业出版社，2006：1-3.

② 章辉美. 中国企业社会责任的理论与实践 [J]. 北京师范大学学报（社会科学版），2009(5)：94-102.

③ 李培林. 论企业社会责任与企业持续发展 [J]. 现代财经，2006(10)：11-15.

④ 李培林. 论企业社会责任与企业持续发展 [J]. 现代财经，2006(10)：11-15.

来扩张的经营环境中始终保持盈利的增长和能力的提高，保证企业在相当长的时间内长盛不衰。[①]

第三节　企业消费者责任驱动因素分析

在短期内，企业履行社会责任将付出必要代价，这与企业追求利润最大化的目标是矛盾的。企业承担社会责任会增加企业的经营成本，如果没有内在动机或外部压力，要想利益最大化的企业难以主动承担企业消费者责任。

一、CSR 三动力模型

企业承担社会责任的动力来自外部环境压力和企业内部动力。施瓦茨（Schwartz）等，将企业承担社会责任的动力概括为三个方面，即制度动力、经济动力与道德动力，并建立了一个三动力的模型[②]，如图 3-4 表示。

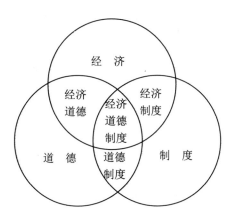

图 3-4　CSR 三动力模型

在图 3-4 中，三个圆自上而下分别表示经济动力、制度动力和道德动力，由三个圆相交而产生七个区域：经济 / 道德 / 制度、经济 / 制度、

① 刘力钢 . 企业持续发展面临的问题 [J]. 经济管理，2000(2): 17-18.

② SCHWARTZ M Z, CARROLL A B. Corporate social responsibility: a three-domain approach[J].Business ethics quarterly, 2003, 13(4): 503-530.

经济/道德、道德/制度、纯经济、纯制度、纯道德。根据三种动力的强弱，企业的社会责任驱动分为不同的类型，即经济动力驱动、制度动力驱动、道德动力驱动，不同的 CSR 驱动具有不同的特点。[①]

施瓦茨对于企业社会责任的划分比较全面，但现实中企业单纯出于道德因素承担社会责任的十分少见，而单纯出于制度因素承担社会责任是对制度的被动适应，而且很难区分道德因素和经济因素。[②] 经济、制度、道德等因素驱动企业的社会责任，但经济动力是最根本的动力，也是内在动力。[③] 只有当企业的外部压力通过有效机制转化为消费者的货币选票，得到社会公众的夸赞，不重视社会责任的企业遭受巨大的损失，企业才会主动承担社会责任。[④]

二、优化生存环境驱动

企业主动创造机会，履行对消费者的责任，做到企业消费者责任和企业竞争战略有机结合，赢得政府支持、获得稀缺的资源和发展有效途径。[⑤] 壳牌公司对墨西哥湾的石油进行勘采就是一个成功的例子。

市场经济本质上是一种法治经济。随着中国市场经济逐步发展，相关法律法规越来越完善。政府颁布的法律对企业社会责任有直接影响。企业消费者责任也与法律法规相关。近年来，政府更加注重制定和严格执行规范公司行为的法律法规。政府对企业立法调控行为越来越严格，既囿于保护消费者利益运动的压力，又让自身的宏观调控手段更加成熟。例如，《中华人民共和国消费者权益保护法》中企业对消费者的责任，以及产品质量标准等社会责任方面的内容，都有相应的法律法规做出明确的规定。企业要想承担消费者责任，就需要贯彻和执行这些法律法规，

---

①SCHWARTZ M S, CARROLL A B. Corporate social responsibility: a three-domain approach[J].Business ethics quarterly, 2003, 13(4): 503-530.

② 朱方明 . 企业经济学 [M]. 北京：经济科学出版社，2009: 301.

③JOSEPH E.Promoting corporate social responsibility: is market-based regulation sufficient?[J].Public policy research, 2010, 9(2): 96-101.

④ 朱方明 . 企业经济学 [M]. 北京：经济科学出版社，2009: 302.

⑤ 辛杰 . 企业社会责任研究 [M]. 北京：经济科学出版社，2010: 133.

而企业承担法律法规中规定的义务是社会对其最基本的要求，否则企业就无法生存，更不能长期可持续发展。

三、增强企业竞争力驱动

根据资源基础理论可知，企业的竞争力来自宝贵、稀缺、不容易模仿、不容易替代的资源，企业竞争优势取决于人力资源、组织资源和物质资源的独特交互。[①] 如果企业承担社会责任方面的形象是有价值、稀缺、不容易模仿、不容易取代的资源，那么企业承担社会责任将为企业带来竞争优势。企业与社会责任之间的关系复杂，企业承担社会责任虽会增加企业成本，但却会使企业获得竞争优势，从而产生超额利润。因此，为了企业的长远利益，提高企业的最终利润，企业需要将社会责任标准纳入企业战略管理部分。这样，企业不仅可以做出正确决策，而且有利可图。美国 Depaul 大学通过《商业伦理》杂志对百家"最佳企业公民"和"标准普尔 500 强"中的企业的财务绩效（1 年和 3 年的整体回报率、销售增长率、利润增长率、净利率以及股东利益报酬率）进行比较，得出"最佳企业公民"的整体财务状况要优于"标准普尔 500 强"的公司，"最佳企业公民"的平均得分要比"标准普尔 500 强"中的公司高出 10 个百分点。[②] 单纯追求利润最大化，是只见树木、不见森林的短视行为，会使企业竞争力越来越弱。大宇汽车的破产，就是一个典型例子。

四、赢得消费者信赖驱动

决定绝大多数企业的生存和发展的关键因素是消费者的最终购买选择。消费者的选择是一种精明的选择，消费者可以在市场上购买自己喜好的各种消费品，这相当于他们为各种商品制造商投"货币选票"。"货币选票"的投向和投票数量，取决于消费者对于制造商生产的各种商品的偏好程度。可以说，在一定程度上，消费者是决定企业竞争力的关键因素。消费者行为受到经济因素和社会因素双重影响。随着消费者对企业社会责任意识的不断增强，消费者不仅期望公司提供廉价的商品，还

① 辛杰.企业社会责任研究 [M].北京：经济科学出版社, 2010: 133.
② 辛杰.企业社会责任研究 [M].北京：经济科学出版社, 2010: 133.

希望消费到"具有社会负责的产品"。① 一旦消费者认为企业生产的产品中社会责任因素不足，就可以拒绝购买。消费者选择的压力本质上是消费者撤出的权利，特别是在竞争性买家市场中，消费者联合退出对企业的打击非常沉重。

五、社会的批评压力驱动

长期以来，企业的实际表现和社会对企业的期望值之间有一定的差距。企业虽然创造了大量的物质财富，但也对社会产生负面影响，特别是在存在负外部性的生产经营过程中，企业的社会成本远远大于企业的私人成本，于是把大量的企业成本转嫁到社会上，如生产假冒伪劣商品、自然环境污染、生态资源过度开发，这必然导致社会福利降低，因此企业遭到来自社会层面的越来越多的批评。而经济全球化和跨国公司全球资源配置弱化了各国政府干预经济的能力。消费者协会等 NGO 组织对企业的不法行为进行约束，他们针对企业不负责任的行为，发起声势浩大的批评行动，并且通过舆论对政府施加压力，要求政府严格监管企业（特别是跨国公司），使其必须承担企业消费者责任。在这其中，新闻媒体，尤其是中央媒体，在这些关键行动中发挥了关键作用。只要企业的行为不能达到企业与社会的（隐性）契约标准，对企业的批评就会持续下去，企业承担消费者责任的社会舆论压力将长期存在。

第四节　企业消费者责任与企业家伦理

企业家是经济发展的引擎，是经济发展最重要的因素之一。经济繁荣、社会进步与企业家精神密不可分。企业家在面对企业社会责任时需要建立正确的价值观，努力提高自己的道德素质，亲自带头执行标准，更好地明晰和实施企业消费者责任，促进消费和谐。

---

① 辛杰.企业社会责任研究[M].北京：经济科学出版社，2010：135.

一、经济与伦理

人类行为存在着一定特点，即有限理性和机会主义倾向。由于人们总是想最大限度地追逐自己的利益，并且认知能力是有限的，只要有信息不对称、双方的利益不一致的情况，企业欺诈和其他机会主义行为就会发生。市场上的产品或服务具有价格分散和质量差异的特点，必然存在搜寻成本。具有机会主义本质的一方可能采取"搭便车"的方式来缩小自己的责任而扩大自己的权利，从而产生侵权行为。

制度是影响和限制经济发展的关键因素，制度是社会的游戏规则，是人为地约束人类互动的规则，如果没有约束，我们就暴露在野蛮的"霍布斯丛林"。制度的主要功能是通过内外两个强制力限制个人的机会行为来减少交易成本，以减少交易结果的不确定性，并帮助交易主体形成稳定的期望。

制度不仅包括法律法规等正式制度，如在商业社会中常见的公司章程、商业合同等，还包括习俗乡约、伦理道德和意识形态等非正式制度。正式制度总是落后于客观现实的发展。根据不完全合同理论，受企业内外部市场不确定性和信息不对称的影响，在签订各种合同的过程中存在很多缺陷，履约过程也在时刻变化，会使合同存在许多不完善之处，使通过合同确定的责任和权利的边界逐渐模糊，正式制度是不可能完全的，正式的制度是约束人们行为的一部分契约安排。

仅仅实施法律法规等正式制度是不够的，伦理道德等非正规制度可以弥补法律法规等正式制度的不足，应加强正式制度的实施，克服其缺陷，促进社会稳定和经济和谐。伦理是精神性的内在动机，它是限制个人行为的内在规范。伦理制度和道德规范的健全程度与交易成本成反比。社会伦理制度和道德伦理越完善，交易成本越低，经济效益越高。相反，伦理制度和道德规范越缺乏，交易成本越高。[①] 企业（道德）伦理实力是把利剑，是企业的重要竞争力，是企业赢得残酷的商业竞争的重要手段。日本著名企业家涩泽荣一的"《论语》+算盘"经营模式就是很好的例子，其核心价值就是道德是经济的指南，没有道德就没有经济。

---

① 陶莉.论伦理道德的经济功能[J].四川大学学报，2001(6): 130-135.

二、企业家精神及其与社会责任的关系

企业是企业家精神的载体，企业家精神与消费和谐、企业社会责任密切相关。[①] 韦伯将基督教的"敬业精神"直接表达为"企业家精神"。美国学者诺斯在新制度经济学中强调合作精神的重要性，并且认为它是企业家精神的第三个来源。[②] 汪丁丁归纳了含有创新精神、合作精神、敬业精神和济世精神的现代企业精神。这四大精神是企业家精神的本质和现代企业家精神的支柱。

多德（Dodd）认为，企业使用私有财产时深受公共利益影响，企业是兼社会服务功能和营利功能于一体的经济机构。通过对企业社会责任运动及其相应法律概念的研究，多德指出，企业经营管理者（尤其是股东和高管）应该形成对广大消费者和社会公众负责任的态度。[③] 企业在履行消费者责任过程中，企业的高层领导发挥着至关重要的作用。作为企业行为的决定者和企业文化的缔造者，企业行为和企业文化中不可避免地反映着企业家的偏好。企业家的财富来自社会，企业家的成就受益于良好的政策和社会环境，应该为社会和谐做贡献。作为一个企业家，追求股东的利益最大化是他们的责任，但是提高消费者和其他利益相关者的利益也不容忽视。企业家是社会公民的一员，而每个公民都应该承担社会责任，也就是说，企业家应该承担适用于每个公民的社会责任。企业家在履行社会责任时，需要努力提高自己的道德素质，作为表率，树立榜样，发挥自己的影响力，彰显正能量。

三、企业家的企业消费者责任决策

企业家在企业中有着决定性主导地位，要达到消费和谐的理想境界，

① 辛杰 . 企业社会责任研究 [M]. 北京：经济科学出版社 ,2010: 178-182.

②DOUGLASS C NORTH. Institutions, Institutional Change and Economic Performance[M]. New York：Cambridge University Press, 1990.

③DODD E M. For whom are corporate managers trustees?[J]. Harvard law review,1932,45(7): 1145-1163.

必须研究企业消费者责任决策。[①] 在现代企业中，由于所有权和控制权的分离，产品市场和资本市场的不完全性允许大企业的企业家去追求非利润最大化目标，如薪水、权力、声望等。如果企业家从事不致力于最大化回报或操纵股票价格的活动，他们必须相对独立于所有者的控制，这被认为是相对自由的。企业社会责任倡导者认为，理解管理的自由决定权对组织的成功起着重要作用，单个人能够通过自由决定权来影响组织结果。如果企业家没有管理自由决定权，就会追求净利润最大化，那么关于社会责任的任何讨论将变得毫无意义。此外，可引入伍德的企业家偏好曲线来描述企业家在企业社会责任决策中的自由决定权，并在此基础上建立企业家偏好模型。[②]

该模型有以下三个假设：①公司的资源有两个用途：产生利润和从事社会责任活动；②社会责任支出不产生直接经济效益；③企业家在制定决策时有充分的自由决定权。短期内，企业资源有限，社会责任支出增加，营业利润减少，利润与社会责任支出呈负相关。为了简化分析，假定两者为线性关系，在模型中表现为直线 AB，如图 3-5 所示。

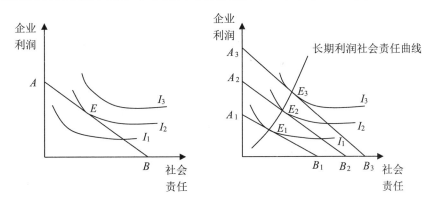

（a）短期内利润与社会责任的最优选择　（b）长期利润社会责任曲线

图 3-5　企业家社会责任偏好模型

线 AB 也称为利润社会责任约束曲线。企业家需要在利润和社会责任支出之间取得平衡。如果企业家对一组特定的社会责任和利润感到满意，

---

① 辛杰. 企业社会责任研究 [M]. 北京：经济科学出版社，2010：180.
② 辛杰. 企业社会责任研究 [M]. 北京：经济科学出版社，2010：180.

就说明企业家也可以接受其他组合。限制条件约束是企业家愿意在这种权衡中放弃的利润或社会责任支出的数量。模型中的曲线是企业家的社会责任和利润组合的偏好曲线。不同的偏好曲线反映了不同层次的社会责任和利润组合。离原点越远，公司越会获得更高水平的利润，从事更多的社会责任活动。当条件允许时，企业家喜欢选择偏好曲线 I_3。企业家的偏好曲线有三个特征：曲线的斜率为负，曲线向右下方倾斜，凸面朝向原点。对于特定企业家对利润和社会责任的偏好，可以通过一系列偏好曲线来描述，不同的企业家具有不同形状的偏好曲线。理论上存在两个极端的假设。其一，当企业家没有社会责任的需求时，偏好曲线是一条垂直线，在这种情况下，参与社会责任活动会使企业家不开心。其二，完全利他主义的企业家对利润没有偏好，此时偏好曲线是一条直线，这种类型的企业家是单纯的社会责任中心者。可以肯定地说，现实社会中的绝大部分企业家一般在这两种极端情况之间。[①]结合微积分的基本原理，根据图 3-5 我们可以看出，当利润社会责任约束曲线和企业家偏好曲线相切时，企业家必将获得企业利润和社会责任的最佳组合。在这个模型中，E 点就是企业利润和社会责任的最优组合点。

从长期来看，随着企业家可用资源的增加，利润和社会责任约束线从 A_1B_1 移动到 A_2B_2（一般来说，利润移动的幅度大于社会责任移动的幅度，此时移动后的直线变得更陡峭），然后进一步移动到 A_3B_3，利润和社会责任最佳组合点从 E_1 移动到 E_2，然后移动到 E_3。由 E_1，E_2，E_3······形成的轨迹反映了企业利润与社会责任之间的长期关系，称为长期利润企业消费者责任曲线。从长远来看，承担社会责任有助于企业获得更多的利润，国内外学者的实证研究也表明这种正相关确实在企业的经营过程中广泛存在。

北京大学张维迎教授、周其仁教授，郑州大学周阳敏教授等提出制度企业家理论，强调制度企业家在推动经济变革、制度变迁和创新方面发挥着关键作用。对于处于转型期的我国来说，应重视和培育制度企业家（通过制度经营这一独特的模式来形成制度资本的积累而产生制度资本外溢，以此促进社会进步和制度变迁的这类企业家）。对此，要加强企

① 辛杰.企业社会责任研究 [M].北京：经济科学出版社，2010：180.

业道德形象建设，制定伦理型营销战略，规范企业行为，适时调整企业社会责任战略，实现互利互惠。长期以来的经济学理论把企业当作一个经济人看待，但企业社会责任的提出与践行在客观上要求企业在单一的经济人中融入道德人，而所谓的道德人，是指企业的目标函数要超越股东利益最大化的范畴，融入包括股东、员工、消费者、社区和政府在内的利益相关者的社会责任，实现经济人和道德人的完美结合，来一场道德革命。[1]

① 陶友.企业益论——市场主体围观利益关系研究 [M].上海：复旦大学出版社，2009：325.

第四章　消费和谐治理 I：消费资本论、消费者增权与消费者保护运动

第一节　消费者主权与消费资本论

亚当·斯密在扛鼎之作《国富论》中论述了分工、市场、自由贸易等基本的经济学概念，并且是最早提出"消费者主权"的经济学家。后来出现的两大学派——奥地利学派和剑桥学派都把"消费者主权"界定为市场运行中最重要的原则。[①] 所谓"消费者主权"，就是消费者根据自己的偏好和喜好选择货物，而市场把消费者的愿望和喜好传达给相关的企业。[②] 所有的生产者都通过倾听消费者的意见安排生产，为消费者提供必要的货物。这意味着生产者生产什么产品、生产多少，取决于消费者的喜好。消费者主权理论也是有争议的。加尔布雷斯曾经根据大公司垄断市场的现实提出了"生产者主权主义"的概念。哈耶克认为，即使是完全的市场垄断，生产者的生产也必须遵从消费者的意愿，否则大公司将失去最终的发展推动力，生产将会处于受限制的状态，最终会失去现有的垄断地位，这对于公司和整个社会经济有害。[③]

消费者资本化理论和消费者主权理论思维相通，但打破了古典经济学和新古典经济学的束缚以及哈耶克理论的局限性。消费者主权理论只能澄清消费者的重要性，只能解决"是什么"的问题，没有解决"怎么做"的问题和如何获得消费者支持的问题。除此之外，消费者主权理论认为，生产者和消费者是对立的，消费者的主权对应生产者的服从，它不承认生产者和消费者在某种机制中有机联系，在市场上实现消费资本

① 陈瑜.消费资本化理论——城市和企业经济发展过程中面临的资金和市场问题及其解决方法 [J].理论前沿，2005(17)：15-17.

② 陈瑜.消费资本化理论——城市和企业经济发展过程中面临的资金和市场问题及其解决方法 [J].理论前沿，2005(17)：15-17.

③ 哈耶克.个人主义与经济秩序 [M].邓正来，译.上海：生活·读书·新知三联书店，2003：23.

化。① 消费资本化理论主要针对的问题是在新经济的条件下，如何实现生产者和消费者的有机结合，通过建立各种类型的市场体系，使生产和消费从对抗到合作，消费者最大化主权得到满足，同时通过消费资本实现企业利润在更高层次上的最大化。②

消费资本化理论的核心内容是将消费扩大到生产和管理。当消费者购买产品时，生产商和商业企业应把消费者对本企业产品的采购视为对本企业的投资，按照一定的时间间隔，把一定比例的企业利润返给消费者，这时消费者的购买行为不再是一个简单的消费，他的消费行为已成为一种储蓄行为和参与企业生产投资行为，因此消费者也是一个投资者，其消费转化为资本。③

这实际上把消费者从产品链的末端以投资者的身份引到前端，让消费者在购买产品时分享企业成长的成果，使消费和投资有机结合，使买卖双方连为一体。这样，消费作为一种资本，是企业和经济发展的直接动力，就像货币资本和智力资本一样。

第二节　消费者增权与呼吁机制

一、消费者增权

（一）消费者增权理论

当消费者的合法权益受到侵害时，事后法律救济是一种可能的选择，但会导致大量的消费者权益诉讼，频繁出现的消费者权益诉讼导致被侵权消费者承担高昂的成本，导致消费者和商业经营者的矛盾加剧，出现

---

① 陈瑜. 消费资本化理论——城市和企业经济发展过程中面临的资金和市场问题及其解决方法 [J]. 理论前沿，2005(17): 15-17.

② 陈瑜. 消费资本化理论——城市和企业经济发展过程中面临的资金和市场问题及其解决方法 [J]. 理论前沿，2005(17): 15-17.

③ 陈瑜. 消费资本化理论——城市和企业经济发展过程中面临的资金和市场问题及其解决方法 [J]. 理论前沿，2005(17): 15-17.

如上街游行等社会不和谐因素。但是在"消费者增权"理论中，消费者权益保护具有创新性的内涵。[①] 因此，以消费者增权理论为指导，改变消费者被动维权的制度设计，激发消费者在消费者关系中的主动性，从而遏制消费侵权，是保护消费者权益和促进社会和谐的重要手段。

所谓增权（empowerment），是指增强个人或群体的权力或权能的过程，随着个人或团体的权力、权能的增加，就会提高个人或团体独立处理自己的事务的能力。[②] 增权理论认为，增权涉及主体和受体两方面，主体通常是拥有权力资源的组织或机构，受体是处于各种无权状态或权力削弱状态的个人或团体，这些个人和群体被边缘化和处于不利地位。[③] 相对于企业，消费者是弱势群体，属于需要增权的群体。增权的方式有多种，如政治增权、经济增权、社会增权、心理增权等，而消费者增权是指通过某些法律条例或政策措施来提高消费者的经济支配力和政治权利，以及增强消费者的独立自主消费能力和维权能力的过程。[④] 郭国庆、李光明在综合国内外消费者增权研究的基础上，提出消费者增权是相对于企业的权能/权力提升的一个动态过程。[⑤] 宏观层面的权力和微观层面的无权之间的矛盾，使得个人或少数消费者不能与企业对抗，必须进行消费者增权。随着互联网的兴起、自媒体的诞生和网购的盛行，消费者的选择项（包括商品和信息）极大丰富，逐步打破垄断和改善买卖双方信息不对称的情况，消费者投"货币选票"对企业的影响大大加深，为消费者权益理论提供了实现基础的关键平台，如京东网、去哪儿网、大众点评网、团购网等，具备信息传播和整合、扩大消费者口碑影响、提

① 李玉虎. 消费者增权理论与我国消费者权益保护法的完善 [J]. 财贸研究，2008(4)：132-136.

② 李玉虎. 消费者增权理论与我国消费者权益保护法的完善 [J]. 财贸研究，2008(4)：132-136.

③ 陈树强. 增权：社会工作理论与实践的新视角 [J]. 社会观察，2004(1)：45.

④ 李玉虎. 消费者增权理论与我国消费者权益保护法的完善 [J]. 财贸研究，2008(4)：132-136.

⑤ 郭国庆，李光明. 消费者增权理论的最新进展及其启示 [J]. 中国流通经济，2010，24(8)：58-61.

升消费者议价能力的作用。消费者增权通过这一措施来增强消费者的权利和力量。消费者作为一个整体，其实力不容忽视。

根据信息经济学，企业经营者和消费者之间的信息不对称导致消费者很难做出理性选择和对自己有利的选择。消费者的利益会因为信息不对称而受到侵害，企业经营者会在信息不对称中获取本应由消费者获得的利益。因此，保护消费者权益的有效途径是根据法律的强制作用来保障消费者获取比较对称的消费信息。其关键在于对消费者进行教育和提高消费者获得商品信息的能力，并通过迫使企业披露与消费者利益相关的信息，使消费者拥有更充分的消费知识、技术、信息，从而为消费者增权。关于如何获得有效的消费者权能，从而提高消费者权益保护水平，主要存在两种消费者增权观点，一种是豪厄尔斯（Howells）揭出的政府强制企业提供信息来为消费者增权，另一种是麦格雷戈（McGregor）提出可持续消费者增权。①

豪厄尔斯（Howells）从法律角度分析了政府通过强制企业披露商品信息为消费者增权的优缺点，通过强制性信息供给解决了企业与消费者之间的信息不对称问题，有利于保护消费者的利益，这是市场有效运作不可或缺的因素。② 从解决信息不对称入手来使消费者增权的机制设计存在弊端，这些弊端主要体现在消费者没有足够的时间充分注意产品信息；信息供应的优势无法惠及所有消费者，因为不同层次的消费者对信息的理解和反应是不同的，如低收入者可能没有有效利用信息并做出有利于自己的选择；由于消费者理解和处理信息的能力有限，所以会对商品信息做出非理性的反应；经营者的市场营销策略也会在一定程度上抵消由于信息供给带来消费者增权的作用。豪厄尔斯认为，在信息不对称的情况下，对消费者增权的估计不可过高，必须采取其他消费政策来克服强制性信息供给的消费者增权。③

---

① 李玉虎. 消费者增权理论与我国消费者权益保护法的完善 [J]. 财贸研究，2008(4):132-136.

②HOWELLS.The potential and limits of consumer empowerment by information[J]. Journal of law and society, 2005, 32(3): 349-370.

③HOWELLS.The potential and limits of consumer empowerment by information[J]. Journal of law and society, 2005, 32(3): 349-370.

麦格雷戈提出了可持续消费者增权的想法，即增强使消费者发现自我权力的能力。[①] 增权是个人或群体的政治、经济和社会力量的增加，但这些力量在社会主流权力结构中往往被边缘化、被剥削、被歧视。消费者增权是通过教育使消费者获得发现"内在权力"的能力，进而采取行动来改变现实，可持续的消费者增权不是改变个人行为，而是改变整个经济系统。[②]

　　比较消费者增权的两个模式，可以看出，强制性信息供给模式的消费者增权注重个人消费者的微观方面，而可持续消费者增权理论注重宏观方面，即整个消费系统。

　　按照消费者增权理论，消费者增权过程中有消费者增权主体、增权内容和增权方式三个主要问题需要解决。[③] 在消费者增权理论中，增权的主体应该是一个非营利组织，如国家或消费者协会。增权内容，即增强或提高的消费者权能，通常是消费者拥有的判断、选择消费品的能力以及规避消费风险的能力。增权方式主要是通过消费者教育以及信息供应来改善企业和消费者之间的信息不对称情况，从而提高消费者判断和选择的能力。我国消费者自我保护权能的提升主要依靠国家和消费者组织来推动。消费者增权的模式主要有信息供给型和系统供给型两种。消费者增权模式和经济发展水平有密切联系，不同的经济发展水平应采取不同的增权模式。[④] 在消费者增权的早期，信息供给型增权可以发挥更大的作用，即通过消费者教育等来提高消费者掌握消费信息的能力，这种模式在维护消费者权益方面有一定的优势，特别是提高了消费者获取消费信息的能力和判断能力。然而，随着市场化步伐的加快、经济发展水平的提高和消

---

①MCGREGOR S.Sustainable consumer empowerment through critical consumer education: a typology of consumer education approaches[J].International journal of consumer studies, 2010, 29(5): 437-447.

②MCGREGOR S.Sustainable consumer empowerment through critical consumer education: a typology of consumer education approaches[J].International journal of consumer studies, 2010, 29(5): 437-447.

③ 李玉虎.消费者增权理论与我国消费者权益保护法的完善[J].财贸研究，2008(4): 132-136.

④ 李玉虎.消费者增权理论与我国消费者权益保护法的完善[J].财贸研究，2008(4): 132-136.

费品的日益多样化，仅仅通过提升消费者信息能力的增权模式显示出其固有局限性，以制度供给为主要内容的消费者增权模式可以更有效地保障消费者的利益，这种模式的核心是通过法律体系保护消费者的利益。[1]

（二）我国消费者权益保护法的完善

20世纪80年代，部分地区开始消费者权益保护的立法工作。1987年，福建省制定了第一部保护消费者权益的地方性法规，从而开启了消费者权益保护立法的先河，随后多个地方制定了消费者权益保护法规。在地方立法的同时，中央政府于1993年颁布了《中华人民共和国消费者权益保护法》，成为我国保护消费者权益的基本法律制度。其中，规定了消费者权利、经营者的义务、消费者权益保护体系、争议解决机制和经营者的法律责任，体现了保护消费安全、实现公平交易和维持社会秩序的价值。[2] 在国家立法的基础上，关于消费者权益保护的地方立法继续颁行，并根据当地实际情况修订和完善了当地关于消费者权益保护的法规。除了专门制定消费者权益保护法之外，国家还制定了规范经营者资格和行为的法律，如《中华人民共和国产品质量法》《中华人民共和国食品卫生法》等，通过法律渠道提升消费者的力量。从落实《中华人民共和国消费者权益保护法》的角度来看，《中华人民共和国消费者权益保护法》在保护消费者的合法权益、增强消费者维权、规范经营者的行为和市场秩序方面发挥了重要作用，促进经济健康发展。然而，颁布《中华人民共和国消费者权益保护法》时正值社会主义市场经济确立初期，市场经济体制尚未完全建立，法律体系不完善。经过三十多年的快速发展，消费领域出现了大量的新问题，但现行的《中华人民共和国消费者权益保护法》中缺乏明确的规定。因此，根据经济社会发展的需要，继续修改和完善当前的《中华人民共和国消费者权益保护法》是保护消费者的利益、提高消费者权能的重要内容。

现有的消费者权益保护法律制度与消费者维权现状存在明显的差距，

---

① 李玉虎. 消费者增权理论与我国消费者权益保护法的完善 [J]. 财贸研究，2008(4)：132-136.

② 陶广峰. 从中国经济法的发展历程看经济法的国家观 [J]. 甘肃政法学院学报,2007(1)：63-66.

对此，应修订和完善现行的消费者权益保护法，加强对消费者各方面和多层次的保护，通过制度供给型消费者增权来维护消费者权益。[①]

第一，修订和完善《中华人民共和国消费者权益保护法》。从立法的角度来看，消费者权益保护法有许多需要进一步改善的地方。该法中存在时代局限性和立法技术局限性。例如，没有明确定义消费者的属性是自然人还是单位；对"消费"的范围规定不清楚，导致一些新型消费得不到有效的保护；对消费者权益内容的规定采取列举方式，只规定了九项消费者权利，而不是采用列举和概括并用的现代立法模式，导致对消费者权利的保护较窄；经营者有欺诈行为时，消费者获得双倍赔偿的规定实在太轻。适时修改和完善消费者权益保护法，为消费者提供更加充分的保护，不仅是维护消费者权益的关键，还是促进市场经济健康有序发展的重要方面。

第二，加强对企业经营者的监督。根据消费者增权理论，政府是消费者增权的主体。政府对商品，特别是消费品的生产和流通的控制是消费者增权的重要内容和保证，因此政府对经营者的监管特别重要。政府对于企业经营者的监管主要体现在市场准入监管、商业经营监管、退市监管三个方面。首先，要加强市场准入监管，按照法律，从有利于消费者权益保护的"以人为本"角度，对为人们提供生活商品和服务的企业经营者设定科学合理的市场准入标准，将可能侵害消费者权益的企业排除在外，从源头上遏制侵害消费者合法权益的行为。其次，加强对企业经营的监督，由有关政府部门对消费品生产和销售的全过程进行跟踪监管，建立消费品从生产到消费的整个监管体系，这是保护消费者权益的重要措施。最后，建立完善的退市机制，迫使不合格品和企业及时退出市场，从而降低消费者被侵权的可能性。

第三，完善消费者维权诉讼机制。从消费者增权的角度来看，司法救济是一种维护消费者权益的重要途径。当消费者在消费过程中遭到不法企业的侵权，消费者可以通过司法程序等纠纷解决机制来维护自己的合法权益。但是，消费者个体通过民事诉讼的方式进行维权，其维权成

---

① 李玉虎 . 消费者增权理论与我国消费者权益保护法的完善 [J]. 财贸研究，2008(4)：132-136.

本（包括金钱成本、时间成本和精力成本等）会很高。从成本收益核算的角度来看，民事诉讼机制并不是消费者维护权益的最适当的手段。在消费者维权中要进一步建立集体诉讼机制与公益诉讼机制，降低消费者通过司法途径维权的成本，是实现消费者增权的重要途径，也是实现绝大多数消费者增权而不是少数人增权的保障。

二、呼吁机制

美国经济学家赫希曼（Hirschman）认为，技术进步会使人类生产活动产生一定的盈余，使各种组织具有不同程度的承载低效运行的能力，进而削弱企业的主动性，导致企业的业绩下降。[①] 对于企业绩效的下降，消费者有两种选择：一是退出；二是呼吁。这两种选择都有自己的优点和缺点，应该结合起来发挥作用，让市场性力量（主要是由过去市场发挥作用，属于经济类别）和非市场性力量（呼吁是民主的具体表现形式，属于政治类别）在促进组织绩效恢复或经济发展过程中协作起来。[②]

退出和呼吁作为企业恢复机制，发挥着重要作用，通过退出或呼吁，消费者向企业管理者发出企业绩效已经衰减的信号，从而刺激企业采取措施恢复业绩。退出是一种离开企业的选择，凭借市场发挥作用，通常属于经济范畴。当消费者对企业的产品不满意时，他可以购买另一家企业的商品，这是消费者利用市场保护自己的福利，由"看不见的手"向衰退的企业发出一个扭转颓势的信号。[③] 这显然是通过刺激市场力量提高企业绩效的间接途径。呼吁是一种民主形式，任何企图恢复公司业绩而采用的除了逃逸之外的所有措施都可以归类为呼吁。呼吁包括请愿、抗议、投诉、建议、协商，为修正企业的惯例、政策或产出所做的种种努力。当企业的产品或服务不能令人满意时，任何试图改变情况而不是退出的做法都符合呼吁的基本定义。

① 赫希曼. 退出、呼吁与忠诚——对企业组织和国家衰退的回应 [M]. 剑桥：哈佛大学出版社，1970：33.

② 赫希曼. 退出、呼吁与忠诚——对企业组织和国家衰退的回应 [M]. 剑桥：哈佛大学出版社，1970：33.

③ 卫建国. 退出、呼吁机制与公司治理 [J]. 经济体制改革，2006(5)：52-55.

赫希曼指出，消费者的呼吁意愿取决于两个因素：①呼吁的得益。产品质量的恢复是一个具有不确定性的事件，消费者选择呼吁首先取决于他们影响组织或企业的能力，以及呼吁的效果。②呼吁的成本。当呼吁作为一种选择时，组织成员对退出的选择依赖于退出成本和退出收益，更具体地说，是市场的流动性，市场流动性越强，退出的成本越低。① 这两种恢复机制在功能上是可以互补和替代的。② 退出与呼吁之间的互补性表现在以下方面：呼吁以退出作为威胁时才会发挥最大效力；没有呼吁的退出往往不利于企业的复苏退出和呼吁之间的交替性体现在以下方面：随着退出概率的下降，呼吁的作用不断增强；但是当退出自由时，呼吁的作用常常被忽视。由于呼吁机制作用在前，退出机制作用在后（退出后便没有呼吁），因此应当设计一种有利于提高人们呼吁的意愿和效率、降低呼吁成本的制度，使消费者或成员被暂时"锁定"在手中还拥有退出选择时，这样呼吁能在督促组织绩效回升过程中发挥较大的作用。因此，有效的恢复机制应是退出机制与呼吁机制相结合。

三、网络舆论监督、CCTV 的《每周质量报告》节目与 "3·15" 晚会

第一，网络舆论监督。

网络舆论是依靠网络作为传播渠道形成的舆论，或者说公众通过网络博客、BBS、微信等媒体而形成的舆论。网络使普通公众可以自由发表意见，这是电视、报纸、广播等传播媒介所无法比拟的，具有开放性、匿名性、互动性的特点。它跨越了媒体"把关"和"再加工"的直接表达形式，具有直接、及时、草根气质、虚拟性和整合力强的特点，彻底颠覆了传统的表达机制的扭曲，在此基础上形成的网络舆论监督，便有着不可比拟的优势和特色。而低成本、高效益的特点，使目前我国网络舆论监督的力量逐步增强。

互联网的兴起提供了比报纸、广播、电视等大众媒介更加方便的信

---

① 赫尔曼 . 退出、呼吁与忠诚——对企业、组织和国家衰退的回应 [M]. 波士顿：哈佛大学出版社，1970: 63.
② 卫建国 . 退出、呼吁机制与公司治理 [J]. 经济体制改革，2006(5): 52-55.

息接收和反馈渠道与意见表达机制，为网络舆论监督奠定了厚实的群众基础。[1] 网络将触角延伸到社会的各个角落，能够有效地消除企业损害消费者权益问题的"死角"和"盲点"。[2] 互联网使得信息能够超越时间和空间的限制进行传播，同时在某种程度上将公众的智慧和力量以整合的方式叠加起来。

网络舆论是公众通过网络载体公开表达的愿望、要求和利益的信息。网络舆论作为公众的意见，自然有一定的社会影响力。互联网舆论作为一种新的媒体舆论形式，给我们的社会生活带来了越来越深远的影响。[3] 网络舆论已经发展成为洞察民意、开展舆论监督的关键窗口。网络舆论的社会功能主要体现在民意表达、舆论监督等方面。在民意表达中，公众可以在网络上表达自己的意见，反映利益诉求，使得网络舆论有较高的"社情民意"指数。

第二，CCTV的《每周质量报告》节目。

《每周质量报告》成立于2003年，一直致力于产品质量和食品安全领域的调查报道，以打击假冒伪劣、促进质量进步为第一诉求，是我国电视新闻界的标识性节目。《每周质量报告》是一个真正以消费者为核心受众群体的专题新闻节目，这也是该节目可以保持稳定的收视率的基本因素。《每周质量报告》发布的质量信息主要来自消费者协会和质量检验部门，还邀请行业行政管理部门的专家、相关领域的学者来上节目。该节目具有很强的权威性，话题感召力度大。

第三，CCTV的"3·15"晚会（附录一）。

1991年3月15日，中央电视台第一次现场直播"3·15"国际消费者权益日消费者之友专题晚会。自1991年正式开办以来，每年的3月15日，"3·15"晚会都将为保护消费者的权益，发出最强烈的保护消费者合法权益的声音。从开播以来，CCTV的"3·15"晚会揭穿了大量的骗局、陷阱和黑幕，维护了公平公正，甚至改变了无数人的命运和人生。

---

① 杜骏飞.网络传播概论[M].福州：福建人民出版社，2008：194.

② 周道华.构建和谐社会与网络舆论的引导[J].福建人民论坛（人文社科版），2007(8)：129-132.

③ 周道华.构建和谐社会与网络舆论的引导[J].福建人民论坛（人文社科版），2007(8)：129-132.

中央电视台的"3·15"晚会曝光了一些企业的违规行为后，产生了深远的社会影响。国家市场监督管理总局对此高度重视，对晚会曝光的企业和违法行为及时进行检查，为确保第一时间制止违法行为、防止被曝光企业问题产品流入市场做好了前期准备工作。对后续查处工作，国家市场监督管理总局多次召开专题会议，研究部署行动方案，彻底查清违法问题，从严惩处违法分子，同时加大与有关部门的协调力度，尽快在全国范围内开展专项整治行动，并加大新闻宣传力度，以回应社会。

第三节　中国消费者保护运动：发展与改进

一、消费者保护运动的定义

消费者保护运动有多重解释。查理德·H. 巴斯克德（Richard H. Buskirk）和詹姆斯·T. 罗斯（James T. ROTHE）认为，消费者保护运动是一项有组织的活动，旨在消费者权益遭到损害时，让消费者得到合理补偿和救济。[1]

大卫·W. 克雷芬（David W. Cravens）和杰拉尔德·E. 米尔斯（Gerald E. Mills）指出，消费者保护运动是指集合消费者及政府力量，为社会大众争取应该享有的权益，使消费者避免遭受企业的不公平待遇。[2]

菲利普·科特勒认为，消费者保护运动本质上是一个社会运动，目的是在日常交易中为消费者寻求更多的权益和力量。[3]

梅耶（Mayer）等认为，消费者保护运动是指实力薄弱的单个市民以及非营利性组织为了所谓的增强消费者权利和社会整体的福利而组织起来的社会力量，其目的是增加消费者权利和消费者福利。[4]

---

[1] BUSKIRK R H, ROTHE J T. Consumerism—an interpretation[J].Journal of marketing, 1970, 34(4): 61-65.

[2] GRAVENS D W, MILLS G E.Consumerism: a perspective for business[J].Business horizons, 1970, 13(4): 21-28.

[3] KOTLER P.What consumerism means for marketers[J].Harvard business review, 1972, 50(3): 48-57.

[4] MAYER R N.The consumer movement: guardians of the marketplace[M].Boston: Twayne Publishers, 1989: 197.

结合以上的观点，笔者认为，消费者保护运动是由消费者组织的，针对企业损害消费者的合法权益而进行的集体斗争，其目的是为消费者争取应该享有的合法权益。

在主流的经济学文献中，消费往往被看作理性的消费者在预算等约束条件下理性选择达到效用最大化的过程。但是，主流的消费自主性研究范式忽略了现代现实消费中的一个非常重要的特点："消费脆弱性"，王宁主张从"消费自主性"演化到"消费嵌入性"，这有必要从消费社会学的制度研究视角和范式进行消费和谐研究。①

二、中国消费者保护运动概述

所谓的消费者权益，是指随着社会经济发展到一定阶段，在一定的商品经济关系和政策制度下，消费者在进行具体消费行为和完成具体消费过程中所应该享受的权利和利益的总和。随着法治建设的深入，法制观念逐步深入人心，世界各国越来越重视消费者权益保护工作。消费者运动，指的是在市场经济条件下，消费者为了维护自身利益，自发的或者有组织的以争取社会公正、保护自己合法利益、改善生活地位等为目的同损害消费者利益行为进行斗争的一种社会运动。②

在 19 世纪末，欧美资本主义国家中的一些企业无视消费者利益，生产和推销劣质产品，使消费者权益受到损害。例如，美国就曾出现过在肉类食品、药品中加入许多有害物质，损害消费者的健康乃至生命。广大消费者逐渐形成共同意识，要与损害消费者权益的企业进行斗争，维护自身权益；同时认识到凭个别消费者的力量无法对抗有组织的企业，必须团结才能产生巨大力量。于是，消费者运动应运而生。1898 年，全世界第一个消费者组织在美国成立；1936 年，建立了美国消费者联合会，之后这种组织在一些发达国家相继出现。在此基础上，1960 年，国际消费者联盟组织宣告成立。之后，消费者运动更加活跃，许多发展中国家

---

① 王宁.从"消费自主性"到"消费嵌入性"——消费社会学研究范式的转型 [J].学术研究，2013（10）：38-44.

② 百度百科.消费者运动 [EB/OL].[2022-05-19].https://baike.baidu.com/view/1070730.html.

也建立了消费者组织，使消费者运动成为一种全球性的社会现象。

中国消费者协会于 1984 年 12 月 26 日成立，1987 年 9 月加入国际消费者联盟组织，成为正式会员。世界性的消费者运动引起了联合国组织的重视。国际消费者联盟组织的代表已被吸收并成为联合国经社理事会、工业发展组织、粮食组织和贸发会议等机构中的顾问和联络员，代表消费者并反映他们的诉求，参加有关会议和文件的制定。1985 年 4 月 9 日，联合国大会一致通过了《保护消费者准则》并敦促各国采取切实措施，维护消费者的权益。

消费者运动一般要经历自发阶段、有组织阶段、行政和法律（政府依法）保护阶段这三个阶段。从消费者运动发展一般规律的角度来观察，我国消费者运动虽然发展历史不长，但是发展呈现出的阶段性，与国际消费者运动发展的一般规律相吻合，同样经历了"启蒙（自发）阶段—有组织阶段—政府依法保护阶段"，而这些阶段又与社会的经济发展紧密相关。

三、中国消费者保护运动典型事例

经济全球化是不可阻挡的大趋势，来自全球的产品和服务像潮水般涌入我国市场，消费纠纷随之增加。

日航事件是中国消费者保护运动的一个典型事件。[①] 2001 年 1 月 27 日 13 时，日本航空公司 JL782 航班由北京飞往东京。按照原定航程，该飞机应于 1 月 27 日 18 时降落在东京成田机场，但由于出现暴风雪恶劣天气，机场航道被迫关闭，JL782 被迫改降在大阪关西国际机场。但是，在关西机场出现了令此次航班上的中国乘客对该航空公司提供的服务不满意的问题：首先，他们在飞机上滞留了将近 4 个小时才被引进机场入境大厅。其次，在入境大厅，中国乘客没有地方休息，得到的食物仅仅是一块冰冷的三明治。西方乘客先后被妥善安排，中国乘客却没有得到机票中包含的食宿服务。

中国 100 多名消费者对自身权益受到侵害表示非常愤怒，齐心协力

---

① 戎素云 . 消费者权益保护运动的制度分析 [M]. 北京：中国社会科学出版社，2008：189-191.

对日航进行投诉维权。国内各大媒体如《中国青年报》《天津日报》《广州日报》等对日航事件给予极大关注，纷纷报道或转载有关该事件的情况。中国外交部也对此事件发表谈话，表示关注此事，并敦促该事件能够圆满解决。

第一步，70多名消费者委派代表向日航东京总部发起投诉，强烈要求日航在15日之内向中国乘客赔礼道歉。第二步，在日航没有任何反应的情况下，63名回到国内的中国乘客向中消协反映这一事件，并利用媒体将这一事件公之于众。第三步，委托律师事务所搜集材料准备起诉日航。第四步，对日航公司所提交的仅根据其工作记录所做的调查报告表示不满，并坚持让日航公司向中国消费者公开赔礼道歉以及赔偿中国消费者物质和精神损失费100万元。消费者代表李浩，有着较强的维权意识，认为受了委屈就应该讨回公道，不惜自己的企业经营受损，也要维护作为中国消费者应该拥有的受尊重权。

中国消费者协会在进行调解的过程中，针对消费者所提出的民族歧视的主张，首先纠正了消费者对该事件的认识，并把该事件定性为企业和消费者之间的矛盾，然后又以客观公正的态度指出日航公司在该事件中确实存在侵害消费者权益的行为，为问题的解决搭起了一座桥梁。

经过半年多的抗争，日航公司和中国消费者代表在北京签署共同声明，日航承认服务不周，对中国乘客表示道歉，并给予"和解金"。日航总裁在北京人民大会堂与部分消费者代表及新闻媒体举行恳谈会，面对广大观众，再次表示歉意。日航总裁表示，日航公司会接受中国消费者的建议，在飞机上和机场上增加许多中文文字和标志，使日航公司更加友好地服务中国消费者、更加人性化。日航公司还邀请中国乘客去日本检验该公司的服务质量。

该事件再次印证了消费者的维权意识和维权知识对消费者顺利维权的重要性。在两者都具备的情况下，消费者维权才会取得成本较低、效果较好的结果。许多消费者受该事件影响，纷纷拿起法律武器，同侵害自己权益的国内外企业进行斗争。个体消费者势单力薄，在动用社会资源等方面远不及消费者群体，所以从维权效益上来看，消费者与其单个人进行维权，不如组合成消费者群体共同维权。

四、消费者保护运动对消费者、企业及政府的影响

消费者保护运动作为一个影响广泛的社会运动，对消费者本身、企业和政府有广泛而深刻的影响。[①] 肯尼斯·达蒙（Kenneth Darmon）在分析零售商和消费者保护运动之间的关系时指出，零售商认为消费者保护运动是经济演化的产物。消费者保护运动是消费者行动的持久性特征。虽然并非所有的零售商都熟悉消费者保护运动，但是大多数零售商领导者和零售贸易协会对消费者保护运动都很友好，并且愿意与它合作。消费者保护运动变化，如在检验、商品标准、广告和销售信息、销售培训等方面，消费者为得到更好的商品和服务，愿意付出更多的成本。[②]

海勒姆·C.巴克斯戴尔（Hiram C. Barksdale）和威廉姆·R.达尔登（William R. Darden）通过对美国全国范围内消费者的抽样调查进行实证分析，认为随着公众对消费者问题的日益关注，消费者已经在商业政策和惯例、消费者保护运动、保护性的政府立法等方面形成了明确认识。其主要表现在以下方面：消费者对自由企业制度的特性给予了高度评价，如价格、产品的多样性和获得的便利性等。许多消费者对一些商业政策非常了解、对市场中的一些营销活动非常不满，尤其对广告已失去信心。被访者还认为消费者问题是重要的和值得更多关注的。消费者对政府管制作为解决消费者问题的一种方式给予了极大支持，但对美国市场制度的相关效率、市场博弈和竞争的诚信度、厂商通过改善产品来维护其自身的利益、消费者愿意为非污染产品支付较高的价格等问题的回答相当不确定。[③]

海勒姆·C.巴克斯戴尔等（Hiram C. Barksdale et al）运用实证分析方法考察了六个市场经济国家的消费者对市场交易惯例、消费者保护运

① 戎素云.消费者权益保护运动的制度分析[M].北京：中国社会科学出版社，2008：15-18.

②DARMON. Retailing and consumer movements[J]. Journal of Marketing, 1941,5:385.

③HERMANN R O, MAYER R. U.S.Consumer Movement: History and Dynamics[M]// BROBECK S.Encyclopedia of the Consumer Movement. Santa Barbara, La et al: ABC-Clio, 1977 : 584-601.

动和国家管制的态度，发现主张消费者保护运动发展遵循"生命周期模式"的理论不受支持。换言之，所有国家的消费者在许多问题上表达的意见近似。当预期在一些问题上人们会有普遍相同的看法时，人们却在其他一些特殊问题上有着一致意见。消费者勉强承认许多购买中出现的错误是由于他们自己粗心或者无知造成的。产品质量是被广泛关注的问题，对广告持否定态度在六个国家中都被提到。所有国家的消费者都对政府有义务确保消费者权益这一问题有强烈的感觉。[①]

达赖恩·布拉尼格恩·史密斯（Darlene Brannigan Smith）和保罗·N.布卢姆（Paul N. Bloom）运用内容分析法对 *New York Times* 和 *ACCI Newsletter* 两种刊物所刊载的有关消费者保护运动方面的文章进行了分析，剖析了美国14年的时间里消费者保护运动所面临的环境，结果显示在消费者保护运动中一个基础性的变化发生了，即行动方面的新闻渐少和来自企业的支持不显著。而且消费主义倡导者和政府机构看起来越发不可能采取或者是象征性的或者是具体的行动来支持消费者事业。虽然这可以被当作消费者保护运动衰退的证据，但是有一种替代的观点不容忽视。这种观点认为消费者保护运动依然健康，只不过强调的是平静的行动。[②]

五、提高我国消费者保护运动效果的措施

消费者保护运动的发展是一定制度安排下的消费者力量、政府力量和社会自治组织力量的合力，必须以促进三方力量之间的互补性为指导原则，认真抓好下列的制度建设。[③]

①CONGUN N, COX K K, HIGGINBOTHAM J, and et al.Consumerism and marketing management[J].JOURNAL OF MARKETING,1975, 39:3.

②TIEMSTRA J P.Theories of regulation and the history of consumerism[J]. International Journal of Social Economics.1992, 19（6）:3-27.

③戎素云.消费者权益保护运动的制度分析[M].北京：中国社会科学出版社，2008: 192-208.

（一）增强消费者治理力量的制度建设

1.完善消费教育制度

消费教育是提高消费者权利意识、"识货"能力和保障消费者维权的重要途径。目前我国消费教育主要由消费者协会、新闻媒体等组织提供，应在制度化方面进行完善，如学校（各级学校）也应该成为主要的消费教育主体。因为每个人都是消费者，消费教育应该从娃娃抓起。从教育的影响力来看，学校教育对消费者的权利意识、契约意识和知识增进等方面产生的影响相对其他途径更大。消费教育要明确教育内容。消费教育的内容应包括提高消费者的消费维权意识，使其能够运用相关法律知识维护自身权益。

2.完善消费者维权激励制度

实施消费者权益激励措施，可以有效推动消费者维权激励制度以提高消费者维权的效率为目的。主要内容包括：简化消费者维权程序和维权成本的制度，提高消费者维权获得金额的制度。消费者协会、行政监管部门、仲裁机构以及法院等执法机构应尽量通过简化的、制度化的执行程序来为消费者的维权活动提供便利。

（二）增强社会治理力量的制度建设

1.完善相关法律制度

政府授权社会组织，替代政府完成部分公共领域的管理工作，起到协调和桥梁作用，责任重大。

就社会自治组织而言，社会自治组织是由某一个行业或者职业的从业者因共同利益的追求而自愿建立的组织。社会组织也就由此具备了基本的社会合法性。社会自治组织的设立及其职能的合理发挥需要相应的法律制度。社会组织要想发挥更大的作用，又不至于滥用权力，就必须使组织在取得社会合法性的基础上得到国家法律的承认。所以，制定《中华人民共和国行业协会商会法》《中华人民共和国社会组织法》等，通过法律来赋予社会组织合法性就显得尤为必要。

2.完善行业协会的声誉管理制度

行业协会应建立和完善声誉管理体系。行业声誉是特定行业赢得消费者信任和支持的前提。注重行业声誉管理应该成为行业协会的一项重要职责。行业协会应建立严格的惩戒不良行为的制度，对行业协会成员存在的或正在发生的损害行业声誉的行为进行制止或惩处，严重的可通过取消会员资格的方式给予惩罚。

（三）增强政府治理力量的制度建设

1. 完善监督和约束制度

政府治理的关键是保证制度落实到位，否则容易进入"建立制度——制度失灵—再建立制度—制度再次失灵……"这样的政府失灵怪圈。政府应吸收外国政府治理的经验，以"善治"的概念提高政府治理的效率。政府应在明确责任的基础上建立完善、严格的监督和约束制度，包括政务信息公开制度、政绩考核制度和具体问责制。

2. 完善消费者权益保护法律制度

消费者权益最终将通过法律来实施保护，所以法律规定的内容必须细致、明确和具有可行性。目前，完善我国消费者权益保护法律制度时应该做到以下几点：其一，继续拓宽《中华人民共和国消费者权益保护法》的范围。其二，继续加强对消费者的实质性保护。对此，应完善《中华人民共和国消费者权益保护法》的有关规定：对广告欺诈的性质及其适用条件加以认定，对垄断行业侵犯消费者权益的规定要具体化。应加大惩罚性损害赔偿的力度，借鉴英、美发达国家对于惩罚性损害赔偿等的措施。实施惩罚性损害赔偿的措施可以达到以下效果：一是削弱侵权人的经济基础，以防其再犯；二是激励受害人对不法侵权行为提起诉讼；三是对受害人的精神损害予以补偿，同时应加大赔偿力度。

第五章 消费和谐治理Ⅱ：政府规制

第一节 政府规制概述

一、政府规制的含义

"政府规制"来自英文"government regulation"，国内也译为"政府管制""政府监管"。目前国内外学术界对其没有统一的界定。

美国经济学家丹尼尔·F. 史普博认为："管制是由行政机构制定并执行的直接干预市场配置机制或间接改变企业和消费者的供需决策的一般规则或特殊行为。"[①]

日本东京大学教授植草益认为："规制是指依据一定的规则对构成特定社会的个人和构成特定经济的经济主体的活动进行限制的行为。"[②]

卡恩教授认为："规制是对该种产业的结构及其经济绩效的主要方面的直接的政府规定，如进入控制、价格决定、服务条件及质量的规定，以及在合理条件下服务所有用户时应尽义务的规定。"[③]

斯蒂格勒认为："规制通常是产业自己争取来的，规制的设计和实施主要是为受规制产业的利益服务的。""作为一种法规，规制是产业所需要的并为其利益所设计和主要操作的。"[④]

余晖认为："规制是指政府的许多行政机构，以治理市场失灵为己任，以法律为根据，以大量颁布法律、法规、规章、命令及裁决为手段，对微观经济主体（主要是企业）的不完全、不公正的市场交易行为进行直接的控制或干预。"[⑤]"政府管制一般是指政府行政机构根据法律授权，采

---

① 史普博. 管制与市场 [M]. 余晖, 译. 上海：三联出版社, 1999: 45.

② 植草益. 微观规制经济学 [M]. 朱绍文, 胡欣欣, 译. 北京：中国发展出版社, 1992: 1-2.

③ 卡恩. 规制经济学：制度与原理 [M]. 波士顿：哈佛大学出版社, 1970: 235.

④ 斯蒂格勒. 产业组织和政府管制 [M]. 上海：上海人民出版社, 1995: 210-241.

⑤ 余晖. 政府与企业从宏观管理到微观管制 [M]. 福州：福建人民出版社, 1997: 175.

用特殊的行政手段或准立法、准司法手段，对企业、消费者等行政相对人的行为实施直接控制的活动。"①

王俊豪认为："政府管制是具有法律地位的、相对独立的政府管制者，依照一定的法规对被管制者（主要是企业）所采取的一系列行政管理与监督行为。"②

樊纲认为："政府规制特指政府对私人经济部门进行的某种限制或规定，如价格限制、数量限制或经营许可等。"③

张红凤认为，"政府规制通常是指政府（或规制机构）利用国家强制权对微观经济主体进行直接的经济性控制或干预，其规范目标是克服市场失灵，实现社会福利的最大化，即实现'公共利益'，而实证目标是实现利益集团的利益"。④

笔者认为，政府规制就是政府相关机构依法对企业实行监督、控制、激励与约束的行为，是政府为社会经济健康可持续发展而提供的一种公共产品。

二、政府规制的必要性

政府规制源于现实经济的弊病和危机。在任何国家，政府规制都是非常必要的。世界市场经济发展至今的历史经验表明，市场经济越发达，日益精细的分工和高度的专业化对经济社会各方面的相互依赖程度越高，政府规制与监管越细致和周密。政府规制的必要性可以从经济学、法学、政治学三个视角论证。

（一）经济学视角：纠正市场失灵

在政府规制的关键理论中，市场失灵理论最受关注。市场失灵，也称为市场失效，是指市场机制低效率或无效率地分配社会资源。完全竞

---

① 余晖.管制与自律[M].杭州：浙江大学出版社，2008：4，231.
② 王俊豪.政府管制经济学导论：基本理论及其在政府管制实践中的应用[M].北京：商务印书馆，2001：2.
③ 樊纲.市场机制与经济效率[M].上海：三联书店，1995：173.
④ 张红凤.西方政府规制理论变迁的内在逻辑及其启示[J].教学与研究，2006(5)：70.

争市场的一系列理想化假设条件在现实的经济社会中并不成立，这时需借助规制手段来纠正市场失灵，维护市场的公平竞争，使资源配置达到或接近帕累托最优。斯蒂格利茨认为，市场失灵至少可以界定政府活动的范围。① 政府规制是对市场失灵的一种纠正行为。

市场失灵理论认为，市场失灵是规制的主要原因。市场失灵分为自然垄断、外部性、信息不对称等。自然垄断是政府对垄断企业做出某些决策规制的主要原因。外部性是产生社会性规制的主要原因。信息不对称是政府对产品质量规制的理论基础。著名学者纪宝成认为，市场秩序本质上是一种利益和谐、适当竞争、收益共享的资源配置状态和利益关系体系。市场失灵是市场失调的一个重要原因，必须由政府规制。②

（二）法学视角：实现公平和正义

从法律的角度来看，政府规制是为了实现公平和正义。从法律上讲，公平包括机会公平、程序公平和结果分配公平，正义包括程序正义和实质正义。"社会公平、长期利益和长期损害以及一些非经济原则和因素也是市场监管的缘由。市场在解决公平问题上相对无能为力，许多社会公平的问题不能靠市场自己来解决。"③ 美国等市场经济发达的国家，政府规制更发达，美国二战后贫富差距逐步缩小也与政府规制的发达程度和高质量有关。

（三）政治学视角：维护公共利益

对私人利益，个人利益主体会主动维持，但在维持公共利益时常常缺乏动力。私人利益和公共利益之间存在一定的矛盾。个人利益的最大化不一定会导致社会整体利益的最大化，往往导致集体利益受损，其反过来又会损害个人利益。

要想妥善处理和协调这些矛盾和冲突，最大限度地保护公共利益，就

---

① 斯蒂格利茨.政府为什么干预经济 [M].郑秉文，译.北京：中国物资出版社，1998：69.
② 纪宝成.论市场秩序的本质与作用 [J].中国人民大学学报，2004(1)：26-32.
③ 王辉.市场与政府监管：美国的经验 [M].北京：清华大学出版社，2003：156.

需要政府规制。"政府管制是一种旨在实现公共利益的制度安排。政府规制所追求的公共利益主要表现在抑制经济权力、促进公平分配、保障公共安全和维护公共环境四个方面。公共利益与私人利益的矛盾为政府规制提供了存在的基础，同样，公共利益的实现也为政府规制提供了最有力的合法性证明。"[1]

三、政府规制的经典理论

（一）公共利益规制理论

公共利益规制理论认为，政府规制的目的是改善整个社会的福利。该理论将政府当作公众利益代表，规制市场活动带来的市场缺陷和不公平，保障广大群众的利益。公共利益规制理论包含三个假设：第一，市场自行运转脆弱，导致市场失灵；第二，政府规制是应社会或公众的要求做出的无成本、有效的反应；第三，政府是慈善的、无所不能的和无所不知的，能实现社会福利最大化。[2] 这个理论受到质疑，他们认为公共利益规制理论的三大假设不符合实际，政府规制政策虽然对被规制企业有利，但普通大众没有受益，这与公共利益规制目标截然不同。[3]

（二）规制俘虏理论

规制俘虏理论是从西方社会实践中提炼出来的一种相对消极的理论，但在一定程度上解释了规制失败。施蒂格勒（Stigler）是规制俘虏理论的创始人。施蒂格勒使用经济学理论来分析企业利益群体对政府政策制定和实施的影响。施蒂格勒通过模型得出结论：规制由被规制者谋取，并主要根据其利益来设计与运行。规制总是有利于被规制者。生产者对立法过程的影响比消费者对立法过程的影响更大，因为企业数量更少，并且企业可能比消费者有更多的相似之处，花费较少的成本即可组织起

---

① 徐邦友. 自负的制度：政府管制的政治学研究 [M]. 上海：学林出版社，2008：128.
② 张红凤. 西方政府规制理论变迁的内在逻辑及其启示 [J]. 教学与研究，2006(5)：70.
③ 王健. 中国政府规制理论与政策 [M]. 北京：经济科学出版社，2008：64.

来。[1] 规制俘虏理论作为一种理论，有两大前提：其一，政府的基本资源是权力，利益集团可以说服政府利用其权力为集团的利益服务；其二，规制的需求者和供给者都是理性经济人通过选择行为谋求最大的效用。[2]

在施蒂格勒看来，政府管制的公共利益动机是一种理想主义观念，是利益集团寻求利益增进工具的结果，是寻租的结果。规制者对规制的"供给"与产业部门对规制的"需求"相结合，使各自利益最大化，为政府规制俘虏理论提供了现实基础，是政府规制的真正动机所在。大量的实证研究发现，规制的实际效果和政府宣称的保护公共利益的规制目标不一致，规制常因利益集团控制或误导而偏离公共目标。

（三）激励性规制理论

在 20 世纪 50 年代至 60 年代，一些经济学家使用最新的信息经济学方法来提出激励性规制理论。它的主要目的是保持原有的规制条件，采取适当的激励措施，如激励定价策略和成本补偿策略，使政府规范企业的竞争行为，并让公司努力提高内部效率。[3]

在激励性规制理论中，主要采取以下激励措施：价格上限规制、特许经营招标规制、标准竞争规制、利润分配规制等。

第二节　政府规制的内容

如果没有对企业行为的规范和规制，没有一定的法规制约机制，企业行为乃至整个社会经济都将是无序的、不和谐的。总体来看，政府规制的内容不断变化，保持增长的势头。随着经济的发展，政府规制的内容越来越复杂，不仅有对经济的规制，还有对社会的规制。政府规制既包括直接规制，也包括间接规制。

① 陈富良. S-P-B 规制均衡模型及其修正 [J]. 当代财经，2002(7)：12-16.

② 陈富良. 政府规制：公共利益论与部门利益论的观点与评论 [J]. 江西财经大学学报，2001(1)：21-23.

③ 余东华. 激励性规制的理论与实践述评——西方规制经济学的最新进展 [J]. 外国经济与管理，2003(7)：44-48.

一、间接规制

间接规制是指以形成与维持竞争秩序为目的，不直接介入经济主体的决策，而只制约、阻碍市场机制发挥职能的行为。[①] 依照反垄断法、民法、商法等法律对企业的垄断行为、不公平竞争手段及不公正交易行为加以限制，维护正常的市场经济秩序。间接规制主要包括以反垄断法为中心的竞争促进政策和以处理信息不对称为中心的信息公开政策。

二、直接规制

直接规制指政府部门依照法律手段对微观经济主体（主要指企业）直接进行干预，直接介入微观经济主体的决策，以防止发生自然垄断、信息不对称、外部不经济等现象。直接规制分为经济性规制和社会性规制。

经济性规制是指公共部门通过价格、产量、进入与退出等方面的规定而对企业等经济利益主体的决策实施的强制性约束，以实现资源配置的高效率和市场的公平竞争。经济性规制领域包括自然垄断领域或存在严重信息不对称的领域。萨缪尔森等认为，政府经济性规制，是对公用事业（包括电力、电话、供水等）和具有垄断性或结构性竞争的产业（金融、交通、电视台等）进行规制。[②]

日本东京大学教授植草益认为："社会性规制是以保障劳动者和消费者的安全、健康、卫生、环境保护、防止灾害为目的，对产品和服务的质量和伴随着提供它们而产生的各种活动制定一定标准，并禁止、限制特定行为的规制。"[③] 在美国，通常把社会性规制局限于健康、安全和环保（health, safety and environmental regulation）等方面，称为 HSE 规制。在社会性规制中，规制的手段主要是服务型和技术型的，而不是命令控制型的，如鉴定、认证等，并禁止和限制某些特定行为。所有可能产生外部不经济或内部不经济的企业行为，都要受到相关的政府社会性规制措施的制约与约束。

---

① 马云泽. 规制经济学 [M]. 北京：经济管理出版社，2007：57.
② 萨缪尔森，诺德豪斯，萧琛. 经济学（第十六版）[M]. 北京：华夏出版社，1999：53.
③ 植草益. 微观规制经济学 [M]. 朱绍文，胡欣欣，译. 北京：中国发展出版社，1992：22.

三、规制手段

政府作为唯一拥有强制性力量的组织，在市场缺陷的矫正活动中应该起到至关重要的作用。政府能超出居民和企业，站在宏观的角度，解决一些居民、企业难以解决或者需花很大成本才能解决的问题，如维持秩序、收入公平分配等。政府规制的这些优点主要源自政府的特殊优势。

（一）信息规制

信息规制主要是指政府可以通过法律手段要求信息优势方披露更多的真实信息。[①] 它主要是制定一系列法律法规以及规范市场交易的基本准则，从市场外部强制约束企业，使其不能利用信息的不对称来损害消费者的合法权益。政府强制厂商"传递信号"，如商品包装必须准确标明商品数量和重量、具体生产日期等。同时，对各类商业广告要进行严格审查，禁止假广告的传播，以保证广告信息传递的真实性。市场监管部门为防止厂商具有信息优势而产生道德风险，最主要的约束措施就是让制售伪劣商品者承担巨大的风险和成本。对于利用信息优势进行欺诈等各种不公平交易和不公平竞争行为，必须给予足够的经济处罚，甚至必要时给予刑事处罚，加大违法成本。政府应进一步加强信息公共服务，利用自身的优势力量进行信息的收集和整理，免费向社会发布。依靠市场的力量进行信息搜寻毕竟是有限的，尤其是在广度上和深度上。政府应充分发挥现代先进科学技术在公共服务中的作用，建立专门的信息搜寻机构，通过互联网建立信息公共服务平台，或是大力发展信息中介服务机构，建立立体多样的市场信息服务网络，尽可能使信息的传播与流通更快捷、更安全、更有效。

利用政府的强制力迫使信息的垄断者提供信息。这方面典型的事例有：在《中华人民共和国产品质量法》中对产品的质量检验合格证、厂名和厂址、产品规格、等级、成分、生产日期和安全使用期等产品包装

---

① 应飞虎.信息、权利与交易安全：消费者保护研究 [M].北京：北京大学出版社，2008：160-196.

标识的规定；在《部分商品修理更换退货责任规定》中对修理、更换、退货（简称"三包"）的责任和义务的规定等。强迫拥有信息的一方公开其信息，确实可以有效地减少信息搜寻成本。

（二）合同规制

在各种交易行为中广泛地存在着签订交易合同的情况，但由于信息不对称问题，合同的签订与执行具有许多不确定性，严重地阻碍了交易的达成。政府在矫正信息不对称的市场缺陷方面发挥的最大作用应该在于凭借政府的强制力，为合同的签订与执行创造一个良好的环境。解决事后信息不对称问题要通过合同的签订与执行。因为政府既不能替代信息劣势的一方去签订交易合同，也不可能强制性地监督信息优势方去执行合同，所以政府要为交易双方创造一个良好的、稳定的社会大环境，即建立完善相关商业法规，并加以严格公正地执行。这样可以大大减少交易双方在签订、贯彻合同过程中的执行成本。

具体而言，一是对合同文书进行规制，对常用的简单的合同，可以采用标准格式，如此可以减少对合同解释的争议，对交易双方都有利。二是建立健全相关法律机构。可以在地方建立一些简单的经济诉讼仲裁机构来处理交易双方的一些简单的不需要太高级的法律专业人员的争端，如此可以大量节省合同执行成本和加强交易双方对合同可履行的信心，降低信息优势方对合同做手脚的可能性。

（三）听证制度

听证会起源于英国，是一种把司法审判的模式引入行政和立法程序的制度。听证是行政机关在做出影响行政相对人合法权益的决定前，由行政机关告知决定理由和听证权利，由行政相对人表达意见、提供证据以及行政机关听取意见、接纳证据的程序所构成的一种法律制度。[1] 在听证会上，公民充分发表意见、提出建议，可以帮助决策机关发现、修正拟定的决策方案中存在的问题。

---

① 百度百科. 听证制度 [EB/OL].[2021-12-14].https://baike.baidu.com/view/278837.html.

（四）价格歧视的规制

在自然垄断产业，价格歧视会增加垄断企业的利润，造成消费者剩余损失，从而造成社会福利损失。在理论上应该对企业的价格歧视实行规制，但在实践中，价格歧视广泛存在而且具有一定的经济合理性。这就使政府对价格歧视的规制处于两难境界。首先，政府需要对"规制什么、怎么规制"做出抉择。显然，政府对价格歧视的规制应具有选择性，如在第三级价格歧视中，政府主要应该限制企业完全侵占消费者剩余的第一级价格歧视。其次，规制者还要根据产业的发展状况，分析企业实行价格歧视主要是为了获取垄断利润，还是为了在发展过程中补偿投资成本。但无论企业采取哪种价格歧视形式，规制者都应让企业的综合价格水平不超过政府规定的规制价格水平。

高峰定价是指在一些需求波动巨大的自然垄断产业，对高峰需求制定高价，而对非高峰需求制定低价的一种定价方式。垄断厂商针对需求价格弹性随时间变动的特点，按时间将总需求划分成不同的区间，并对不同的区间制定不同的价格，因此，高峰定价是三级价格差别的一种具体表现形式。高峰定价问题通常会在对公共事业公司的最优政府规制中提到，如通信、交通、电力公司等。此外，应该强调的是，非受规制企业也会从高峰定价中受益，因为当需求因季节而变化或者短期内对容量的投资不可逆转时，高峰定价对企业有好处，而且有效率。

（五）产品质量规制

产品安全、质量、卫生等方面产生的问题可能会给消费者带来灾难性伤害，而且一些不良后果可能在几十年才会显现出来，因此，对产品质量的规制措施必须是全方位的。不仅要有事前规制，还要有事中规制和事后规制。

1. 事前规制措施

一是市场准入监管。产品安全市场准入规制是指市场上的产品，都要经过规制部门批准，以确保其安全性。这种事前规制可以降低那些有严重不良后果的产品的上市概率。二是标准规制。产品安全与质量标准规制是由规制机构对某些产品或其生产过程设置安全健康标准，所有相关企业的此类产品或其生产过程必须符合标准，否则将被视为违规而接受处罚。三是强制信息披露。强制信息披露规制的基本思路是尊重消费者的知情权、选择权，要求企业将产品的性能、成分、可能的副作用、危险警告等与安全健康有关的信息在产品上标注出来，让消费者在知情的情况下做出选择。

2. 事中规制措施

事中规制措施主要是指对企业在销售产品的过程中采取的方式的规制，又称信号显示机制规制，包括广告规制、品牌规制。广告规制主要是规范那些虚假广告。广告主体参与广告活动时应遵守法律、行政法规，遵循公平诚信原则，依法签订书面合同，明确双方的权利和义务，不得在广告中发生不公平竞争。同时，广告内容应当合法、真实，不得包含虚假内容，不得欺骗和误导消费者，对违反规定的人员或企业要予以处罚。品牌规制主要是对假名牌产品制造企业进行规制，以保护名牌产品。名牌产品一般具有外观设计等外在特征和技术创新等内在特征，这些外在特征和内在特征都是知识产权的重要组成部分，因此对品牌的规制重点应放在名牌产品的知识产权保护上，这种保护主要体现在对商品注册商标的保护上。

3. 事后规制措施

事后规制主要是指对产品售后服务的规制。政府不仅要加强对那些已经承诺售后服务的企业履行合同情况的监督，有时还要针对某些产品强制规定售后服务的标准，如我国对一些产品"三包"的规定，以此达到传递质量信息、淘汰伪劣产品的目的。

（六）价格上限规制

价格上限规制是由伯明翰大学的李特查尔德设计的针对自然垄断行业的价格规制模式。价格规制的主要目的应该是使价格和利润保持在既不失公平，又能提高企业效率的水平上。价格上限规制类似于规制机构和受规制企业之间签订价格变动合同，设定价格上限，使得价格原则上只能在该限制下波动。价格上限规制实际上是一种典型的固定价格机制，是一种信息不对称情况下的剩余索取权合同。

固定价格机制的基本思想是割断服务价格与企业的真实成本和实现利润之间的联系，让企业通过技术创新、优化要素组合和挖掘生产的潜力等手段追求最大化利润，从而为刺激企业降低成本、提高效率提供了强有力的激励；同时，赋予被规制企业在不超过价格上限的情况下自主调整个别价格的灵活定价权，以提高社会配置效率。尽管存在问题，但目前的价格上限规制也成为全球规制改革实践中最具影响力的激励性规制方案。

（七）产品召回制度

产品召回制度、产品缺陷预警制度、产品缺陷和召回信息披露制度、召回信息宣传制度等，这些制度的建立和实施将保证产品召回的顺利运作。

所谓召回制度，是指在产品存在缺陷、会危害消费者安全与健康的危险场合，如果经营者自行或经他人通知发现这一情况，经营者应主动将此具有危险的商品回收，以免使消费者实际权益遭受损害；如果经营者发现该危险，却不加以处理，此时，为保护消费者权益，并维护消费者生命、健康和财产安全，相关主管机关可强制经营者回收商品。这一制度体现了经营者自律与政府部门强制的有机结合，它可以及时预防实际损害的发生，并与损害赔偿制度一起在实体法上构成了完善的消费者权益保护体系。对于召回制度，世界大多数国家关于消费者权益保护的法律都做了明确规定。我国对汽车、食品等产品也开始实行召回制度。但上述制度多属于行政规章和地方性法规，立法层次较低。

第三节　政府规制与企业行为

一、政府概述

（一）政府内涵

政府是为了一定的目标，制定和实施一系列公共政策、实现有序治理或者统治的公共权力机构，是国家权威性的表现形式。① 从广义上讲，它包括立法、行政和司法机构。政府目标函数是社会公共福利最大化。政府一般以公共利益为服务目标，以国家暴力（强制手段）为后盾，具有凌驾于其他一切社会组织之上的权威性和强制力。

全心全意为人民服务是中国政府的根本宗旨，建立服务型政府是内在的基本的要求。服务型政府，是指"在公民本位、社会本位理念指导下，在整个社会民主秩序的框架下，通过法定程序，按照公民意志组建起来，以为公民服务为宗旨，实现着服务职能并承担着服务责任的政府"。②

（二）政府特性

公共性，在整个政治科学发展中具有基础性意义。西塞罗认为，"国家是人民的事业，但人民不是某种随意聚合的集合体，而是许多人在法律和利益统一的基础上结合起来的集合体"。③ 洛克强调建立政府目的是保护民众权利不受他人侵犯。④ 卢梭从社会契约理论中推断出人民主权的理论，为政府的公共性奠定了科学基础。无产阶级革命成功后，就要建立一个真正服务于人民的政府，"把它从统治社会、压制社会的力量变成社会本身的生命力"⑤，"是人民为着自己的利益重新掌握自己的社会生活"⑥。

登哈特认为，"新公共服务是建立在公共利益的观念之上的，是建立在公共行政人员为公民服务并确实全心全意为他们服务之上的"。⑦ 公共性作为现代政府的基本属性，体现了人民群众的共同意志，最大限度地提升了人民的共同福利。政府应全心全意为人民服务，追求社会福利最大化。

---

① 胡宁先.中国政府形象战略[M].北京：中共中央党校出版社，1998：18.

② 刘熙瑞.服务型政府——经济全球化背景下中国政府改革的目标选择[J].中国行政管理，2002(7)：5-7.

③ 西赛罗.论共和国论法律[M].北京：中国政法大学出版社，1997：39.

④ 洛克.政府论[M].北京：商务印书馆，1996：23.

⑤ 马克思，恩格斯.马克思恩格斯全集（第2卷）[M].北京：人民出版社，1972：413.

⑥ 马克思，恩格斯.马克思恩格斯全集（第2卷）[M].北京：人民出版社，1972：411.

⑦ 登哈特.公共组织理论（第三版）[M].北京：中国人民大学出版社，2003：207.

二、企业目标与企业应对规制的机会主义行为

经济学中公认的企业目标是利润最大化，利润最大化是其他目标实现的前提。利润最大化是西方经济学中企业行为的基本假设，利润是企业的唯一目标函数，它认为企业追求的目标是利润最大化。

追求经济利益是人类进步的重要内在动力。其实现方式可分为两类：第一类是通过正常的生产和商业活动创造财富，创造利润，从而提高自身的福利。第二类是通过行贿、得到特许权等非生产性活动而获取利益。第二类方式被称为寻租，是对既得利益进行再分配。克鲁格等认为，寻租指的是凭借政府的保护、引入政府干预而进行的寻求财富转移而获利的活动。[①] 寻租是分配资源的权力。寻租不经过劳动生产而将公共资源、社会财富转移到寻租者手中，侵害了公共资源，它从根本上违反劳动价值和公平贸易的原则，是社会不公正的根源。寻租往往造成政府受利益集团摆布。寻租是一种普遍存在的经济现象。

"机会主义是指不充分揭示有关信息，或者歪曲信息，特别是指那些精心策划的误导、歪曲颠倒或其他种种混淆视听的行为，直接或间接导致了信息不对称问题，从而使经济组织中的问题极大地复杂化了。"[②] 诺贝尔经济学奖得主威廉姆森强调，机会主义是一种害人利己的行为。[③] 企业为了利润最大化，往往不道德、不择手段，会采取机会主义行为。

公共权力的本质来自人民，并以维护公众利益作为价值取向。在社会主义社会中，人民掌握政权，政府受人民委托而处理国家事务。但是，由于缺乏有效监督，这种委托—代理关系必然导致权力商品化、资本化，即寻租活动。中国由传统社会向现代社会急速转型，产生了巨额租金以及为获得该租金而展开的寻租活动。被规制企业与规制机构之间必然产生规制合谋的腐败现象，使得政府规制进入低效率状态。

① 克鲁格，刘丽明.寻租社会的政治经济学 [J].经济社会体制比较，1988(5): 8-16.
② 威廉姆森.资本主义经济制度——论企业签约与市场签约 [M].段毅才，译.北京：商务印书馆，2002: 119.
③ 威廉姆森.资本主义经济制度：论企业签约与市场签约 [M].段毅才，王伟，译.北京：商务印书馆，2002: 66.

企业拥有资本、技术等资源并对当地税收和就业做出贡献，使其成为当地政府积极争取的对象。在现有分税制和 GDP 作为主要考核指标的框架内，政府官员为了赢得地方政府政绩锦标赛，和地方企业形成了密切的利益共同体，地方政府公司化倾向非常严重。企业借机迎合政府短期或者任期目标，利用政策的漏洞、执法真空而寻找"保护伞"行贿官员，以获取机会主义空间，制造、出售假冒伪劣商品，损人利己、不择手段，捞一把就跑，缺乏长远战略思维。地方规制机构偏袒纵容甚至保护当地非法经营企业已经是一种普遍现象，弱化了规制效果。有些规制部门甚至与企业内外勾结，人为制造寻租机会，危害公共利益。

三、规制失灵

（一）新制度经济学视角下的规制

在 20 世纪 70 年代，新制度经济学逐渐被用来研究政府规制问题。新制度经济学家使用产权理论、交易成本理论、委托—代理理论来解释政府规制的过程，强调政府规制是一种制度安排。在传统规制研究中把规制双方（政府与企业）都当作"黑箱"，而新制度经济学家从微观层次深入研究政府规制问题，这是其的一大进步。

产权理论把政府规制过程放在微观产权层面，对比分析规制各方在规制前、规制过程中、规制后的产权配置状态与结构分布，提供政府规制的匹配结构和激励约束机制。

交易成本理论主要用来分析政府规制前后的交易成本问题。威廉姆森从机会主义行为出发，认为只要存在高资产专用性，利用市场机制来协调，就会带来过高的交易成本。[①] 而由政府组织来协调自然垄断等这类交易活动，则可以大大减少交易成本。

委托—代理理论把政府规制当作一种契约，体现了一种委托—代理关系。在规制过程中，公众、政治委托人、立法者、被规制者之间存在着三层委托—代理关系。通过分析规制过程中各方的行为，可对政府规

① 威廉姆森. 资本主义经济制度 [M]. 北京：商务印书馆 2002.

制进行深入研究。

（二）规制失灵种类

政府规制失灵是政府存在一些不足，使得社会和经济福利最大化的目标不能真正实现。

在美国等西方国家的实践中，主要表现为以下几个方面。

1. 政治俘获引起的政府规制失灵

政治俘获强调在政府规制过程中，规制机构对于政府规制措施的随意滥用、损公肥私现象。规制机构可能会利用规制自身的权威来谋取规制机构或机构成员的权力巩固、组织膨胀以及经济利益等。政治俘获造成规制既定目标在实施过程中被政治私利在一定程度上扭曲。在政治俘获广泛存在的情况下，规制成为政府统领精英自利的工具。职场"旋转门"现象在各国政府部门普遍存在，政府高官和私营企业高管之间广泛存在职业角色转换、穿梭交叉任职现象，这在美国最近几届政府中表现得尤为突出。

2. 信息不对称引起的政府规制失灵

传统的规制理论假设规制政府与受规制企业的信息完全对称，双方进行的是信息完全对称的博弈，但这个假设在现实中是无法实现的。规制者政府和被规制者企业对于成本、收益等信息掌握情况并不相同，政府规制必须建立物质和精神激励机制来获得被规制的企业的内部信息。信息不对称会导致规制失灵，设计的规制方案必然存在许多缺陷。

3. 规制俘获引起的政府规制失灵

规制俘获是由于企业私人利益集团对信息的控制，在经过一定时间之后，政府规制者逐渐被利益集团俘获与控制，规制措施成为利益集团谋取其本身超额利润的工具。这些被规制企业集团利用政府对其价格、产量以及进出限制，形成维持超额利润的保护伞。一般地，政府规制的受益者往往不是一般社会公众，而是受规制的企业集团。其实，政府此时已部分沦为私人利益而非公共利益的保护伞。

公共权力是人类社会生存和发展的主导力量，促进人类社会的有序发展和演进。公共权力是一种权力，具有以下特征：公共性、普遍性和垄断性。在实践中，如果公共权力配置错误、运行失当、监管不严，必然会导致公权力的异化。官商勾结与权钱交易会侵害公共利益。公共权力的私化和滥用是公共权力异化的具体表现。公共权力的转移大大动摇了权力合法性的基础，降低了公众的满意度。

四、保护弱者原则与法律作用的边缘化

（一）保护弱者原则

保护弱者原则起源于消费者保护的思想，其基本含义是对市场主体中的弱者在法律上应给予更多的保护。[①] 现代社会以抽象人格实行法律面前人人平等的无身份保护为一般原则，弱者身份的提出是这一般原则的例外。它是人类文明高度发展的结果。保护弱者权益是人类高度文明在法律上的体现，是法律规范人性化的反映。

日益扩张的自由竞争在促进交易、发展经济的同时，也渐渐造成了两大对立群体：强势群体和弱势群体。此外，两者的距离正在扩大，已经成为必须面对的问题。在差异的经济地位条件下，合同自由正在成为丛林社会的工具。比如，信息的不对称问题，典型的如消费者和企业之间的关系：企业掌握了产品专业信息和市场信息，并具有宣传的主动优势；而消费者由于精力、知识的限制，只能被动地接收信息。因此，两者在事务中的实际位置是不平等的。保护弱者的原则要求消费者作为弱势的一方，企业经营者作为强势的一方，从保护弱者的原则推理到保护消费者的利益。此外，因为利益集团之间的冲突、人们认识能力和禀赋的差别、商品信息的不适当分布、社会分配不公、消费者个人需求的差异以及竞争和垄断加剧，总有一群弱势群体或弱势群体在人群中，这些人难以自己的力量和强势的一方展开对抗。如果这些人的利益不受法律保护，那么追求社会正义精神的各种法律难以实现真正的价值。

建立法律可以确保正义的实现。在多利益诉求社会中，产生利益冲

---

① 吴弘．市场管理法教程——高等院校商法经济法专业核心课精品系列教材 [M]．北京：首都经济贸易大学出版社，2005：15．

突或不平衡是不可避免的，而立法的目标是把利益的冲突或者失衡控制在公平正义的范围内，使多元利益的结构实现有序化。

在保护弱者方面，行政法、民法和经济法可以在各自的职能领域发挥作用，但是以个人为基础的民法和以"国家本位"为理念的行政法对社会弱者的保护程度远远小于以"社会本位"为理念的经济法的保护程度。在市场秩序监管法律制度中，一系列法律法规，如限制大企业垄断、保护消费者权益、保护中小企业的权益，体现了保护弱者的原则。市场秩序规制法对弱者的保护不仅仅是从维护权利的角度出发，而且是从维护市场秩序的角度考虑的。这主要基于以下两方面原因：一是一些企业规模过大，可能造成独占和垄断，不利于市场竞争，而一旦市场没有竞争机制，社会进步的动力就会丧失；二是市场竞争主体的强弱不同，容易出现弱肉强食的现象，从而造成市场的动荡，影响社会经济甚至政治秩序的稳定。由此看来，市场秩序规制法建立遵循保护弱者的原则，其意义十分深远。保护弱者的原则保障了经济资源的优化配置，使经营者不损害消费者和其他社会弱势群体的利益，更好地促进市场经济秩序的健康发展。保护弱者的原则是利益的表面保护倾斜实现公平合理的性质，是市场管理法的公平性保护市场的最佳体现。只有这样，才能平衡市场势力（强大的经济实力和薄弱的经济实力），维护作为弱者的消费者利益，更好地发挥法律维护社会公平正义的作用。

（二）中国转型期的契约治理软约束

中山大学李新春教授根据匈牙利经济学家科尔内的"预算软约束"概念提出"契约软约束"的概念，也就是说，合同的法律约束被软化或视为无效。中国在过渡时期的主要问题是，正式的合同条款有时没有得到有效执行。在大多数情况下，法律在合同执行方面应当是僵化的，也就是说，根据正式合同的规定，确定当事人的合同义务、分配关系的权利和利益，但在某些情况下，即使法院干预也很难保证合同执行。合同管理法律的失败可能是由于法律制度本身，也因为复杂关系的削弱和权力软化法律的约束力，违反了"公正、公正和公开"的法律精神。

中国传统的身份和关系契约以及官僚行政性安排在转型经济中常常

表现为以权力干预和利益交换来替代市场竞争的资源配置与收益分配。对于私人而言，会形成私人成本很低而社会成本很高的机会主义成本，存在严重的负外部性和搭便车行为。这样，在机会主义的选择项中，由法律执行的合同制度的"优等"制度可以被机会主义主导的"劣等"制度安排完全或部分驱逐。社会关系和行政权力的根深蒂固，使得合同的正式执行可能遇到难以克服的问题而难以执行。

（三）法律作用的边缘化

虽然中国近几年特别强调依法治国，但法律作用的边缘化是无法否认的事实。中国转型期法律作用的边缘化的原因非常复杂。[①] 中国是大陆法系国家，采用成文法体系，与普通法相比，成文法演进的速度往往很慢，并且更易受到各种政治压力的影响，因此法律条文总是扮演"追赶者"的角色，阻碍了市场交易秩序，不能高效率地支撑正式契约的有效执行。[②]

中国制度环境约束主要体现在强势政府、GDP 考核机制和锦标赛竞争机制，最终综合形成了中国地方政府竞争局面。司法权的本土化是中国目前司法制度的最大缺点。长期以来，地方人民法院没有人员任免权，地方司法机关直接接受地方党委领导，具体的干部人事考核和管理也受同级党政机关的领导。这种制度安排使地方司法机构在人力、财政和物质资源方面严重依赖地方政府，从而为地方政府干预司法工作提供了条件。这是司法力量本地化的制度根本。司法权的地方化，使当地司法机关和地方利益形成附属关系，地方司法不集中于维持国家法律制度和司法公正的统一，而往往更多从发展和保护地方经济。在财政分权的现行体制下，地方政府财权、事权不匹配，面临较紧的财政约束，需要从当地企业获得稳定的收入来源，因此，只要经济案件涉及地方所在企业利益，地方政府有时候会想尽办法干预司法机关而维护地方企业利益。

---

① 杨柳.法律、管制与声誉约束——基于中国转型期契约治理机制的研究 [D].上海：复旦大学，2007：148.

② 苏力.道路通向城市：转轨中的法制 [M].北京：法律出版社，2004：31.

第四节　增进政府规制企业行为的建议

一、完善细化规制法规，夯实规制基础

法律法规是政府使用法律手段规范企业不法行为的基本依据。有必要尽快在中国建立成熟完善的消费者责任规制法律体系。食品企业是近几年社会讨论的热点，遂以食品企业为例。我国在三鹿事件以后制定并颁布了《中华人民共和国食品安全法》，但是《中华人民共和国食品安全法》与原来颁布并继续发挥法律效力的《中华人民共和国食品卫生法》《中华人民共和国消费者权益保护法》等相关法律在很多地方存在矛盾，协调性很差。为了解决矛盾和冲突的规定，将各项法律法规统一起来，还要做很多细节工作，使整个食品规制法规体系的法律和谐地、完美地、高质量地、无障碍地衔接。

此外，要建立统一协调的质量标准体系，加强技术规范和技术标准的基础工作，建立全国统一联网的检测数据库，积极推进技术标准国际化。增加执法现场快速检测设备，更新信息网络，广泛采用大数据技术，更新检测手段，夯实政府规制的基础，促使交易主体自律，促进规制制度实施。

二、健全激励约束机制，拒绝规制"腐蚀"

激励机制往往是有效的，而激励机制的缺乏是诱发规制失灵的现实原因。部分规制者在缺少足够激励的时候容易产生惰性心理，也容易被规制企业腐蚀。要克服由激励不积极导致的规制失灵的现象，必须对规制者进行激励，改革现有的激励机制，改变其行为预期，通过奖励刺激的制度设计来减少规制懈怠的发生。由人大代表、行业律师、专家学者、媒体记者等组成独立的规制机构绩效评价委员会，实施绩效工资，定期（按季度或者半年/次）对规制者进行规制绩效评估，并对规制者进行奖惩（顶格物质奖励、扣除奖金、职务晋升或者直接辞退）。

以食品企业为例，中央政府根据地方政府各相关部门查处食品企业

安全问题的表现（数量、质量和时效都要考虑在内）对地方政府分类、分档次进行奖惩。

三、加强规制责任的刑事责任追究

政府规制者规制失职必然造成广泛而巨大的社会损害，造成社会福利损失。对此，要加重规制者的违法成本，强化规制者的规制责任。

在当前的中国政治体制下，对规制者失职行为应该追究的责任包括党纪责任、行政责任和刑事责任。其中追究刑事责任是最严重的惩罚，最具威慑力和警告效果。《中华人民共和国刑法》第397条规定的玩忽职守罪是追究规制失职者刑事责任的主要依据。玩忽职守是国家机关工作人员严重不负责任，不履行职责，导致公共财产、人民的利益遭受严重的损失的行为。但在现实中，对政府规制人员的责任处理中，党内职务与行政职务往往成为一种阻碍，严厉的刑事责任的追究常常被轻描淡写、不了了之。因此，有必要加强对规制者失职行为的刑事责任追究，将违法成果最高的刑事责任落实到规制失职者头上，可以发挥真正的效果。

四、强化信息公开，扭断利益藩篱

规制之所以低效率，是因为政府和企业之间的信息不对称。要提高规制效率，必须尽量缩小政府和企业之间的信息不对称程度。要搭建行业内幕人士揭秘的平台（第一线人员对行业内状况最为了解，信息重要、真实、可靠），并且对提供真实内部消息的人员进行物质奖励，提高其揭秘的动力。

透明度较高的规制体系、完善的规制信息取得与披露机制，能使政府规制更加有效，在一定程度上避免规制失灵。政府规制者必须高度重视真实、完整、准确的信息收集、整理和分析，建立统一、协调的信息共建共享机制。对企业，通过公检法机关强制其提供真实、完整信息，对不愿意提供信息或者提供虚假信息者要加大打击力度。在信息披露过程中，实行真实姓名制度，确保公众监督政府规制者的行为，使规制者行政执法的自由量裁决得到有效遏制。要引入第三方机制，打破信息不对称。新闻媒体影响广泛而巨大，是现代社会的"第四权力"，要尽量发挥媒体的舆论监督作用。媒体舆论监督具有传播快、影响大、揭露深刻等特点，能迅速对规制者形成威慑作用，使其一举一动都在"阳光下运行"，这样能够提高规制的效率与公正，克服规制失灵，避免规制失效。

第六章 消费和谐治理Ⅲ：声誉机制

第一节　声誉与声誉机制

一、声誉的含义与本质

亚当·斯密在200多年前就已经发现声誉是一种确保交易契约实施的重要机制。在现代市场经济中，声誉越来越成为决定企业生存和发展的重要因素之一。

任何企业在本质上都属于利益相关者集合，都或多或少地与它的利益相关者群体产生关系，如消费者群体购买企业的商品、企业与当地政府机构发生税务工商等关系、与当地金融机构产生信贷支付结算等关系、与当地新闻媒体产生广告业务等关系。由于长久地接触，利益相关者会对企业声誉进行排序。所谓声誉，就是企业的利益相关者对企业过去市场交易的总体性主观评价。企业声誉高，意味着企业与利益相关者在交易的所有历史记录中扮演了一个积极的正面角色。现实中，那些有着良好交易记录的企业，声誉良好，将更多地获得广大利益相关者的货币选票，而且彼此的交易更倾向于长久维持，而不是火车站交易似的"一锤子买卖"。

马克思主义认为，所有的经济活动的动力、出发点和落脚点是经济利益，而这同样适用于现实中各个经济主体之间的信誉关系，按照这种逻辑推理，声誉的动力机制也必然是经济利益。正如马克思和恩格斯所说，"人们奋斗所争取的一切，都同他们的利益有关"。[1] 人们从事物质生产活动，是为了获取经济利益；同样地，人们所进行的所有的经济交易与合作，也是为了经济利益。

按照马克思的劳动价值论，商品交换要遵守等价交换原则。结合马克思主义经济学的声誉机制理论，我们可以这样认为，商品交换过程具

---

[1] 马克思，恩格斯. 马克思恩格斯全集（第1卷）[M]. 北京：人民出版社，1972：82.

有二重性，不仅是经济利益交换的过程，而且是信誉的使用以及实现过程，是两者的统一。商品交易完成体现了两个结果：一方面，是人们对自己所要交换的商品信任的结果；另一方面，是不同商品所有者之间相互兑现承诺的结果。马克思主义经济学不同于其他经济学，它深刻揭示了商品交换关系背后的秘密，其中隐藏着人与人之间的关系。马克思在巨著《资本论（第1卷）》中指出，这是一种反映经济关系的意志关系。

而现代西方企业理论按照传统西方经济学思路，从企业利益最大化假设出发，创立了很多种声誉模型，证明了在一次博弈的情况下，声誉机制几乎不可能发挥具体作用，而在重复博弈的情况下才能发挥出巨大作用。①

二、声誉是利益调节的有效机制

人们珍惜声誉的根本原因如下：其一，社会经济活动中的理性经济人在面对利益选择时，倾向于最大化自己的利益；其二，具有相互利益关系的经济主体共同努力的结果，客观上导致利益的均衡性，即只有在使他人充分受益中才能使自己的利益最大化。利益均衡有利于促进交易双方长期合作。

市场的最初起源是实现人与人之间的商品交换。市场这种互通有无的功能使交易双方都提高效用。理性人对物质利益有着无限追求的偏好，而市场交易能够给交易各方带来利益，市场声誉规则引导人们约束自己的行为及相互间的关系，自觉地遵循着市场声誉规则。市场经济的利益驱动原则是声誉机制的动力源泉和必要条件，而声誉也必然成为市场经济中调节利益的有效机制。良好的声誉是实现长期动态优化的条件。②

企业生产高质量产品能赢得良好的声誉，如万科地产、海尔电器、长安汽车等国产品牌在广大消费者中有着良好口碑，有利于企业持续地从消费者手中获得"货币选票"。企业与消费者之间的（显性或者隐性）契约执行通常基于声誉的利益和未来业务损失之间的利益权衡的考虑，

---

① 杨亚达. 国有企业经理人声誉激励机制 [J]. 经济理论与经济管理，2004(4): 47-49.
② 钟春平. 动态不一致、法不责众与政府声誉 [J]. 广西经济管理干部学院学报，2007(1): 71-75.

在利益权衡中不断调整自己的经营行为，以提高获利的概率。如果企业提供假冒或劣质产品，会导致企业与消费者的关系中断。只有遵守合同或保证产品质量，才能使这种声誉为双方之间的关系带来平衡的利益和长远的利益，才能最大限度地使整个市场获利。声誉机制的动力主要是建立在利益的选择均衡之上。

在完全竞争的理想市场经济模型中，交易成本为零，交易双方必须自觉地进行公平交易，各自满足自己的预期利益，达到一般均衡状态。理想状态下，声誉机制没有必要存在。但是现实中"经济人"追求最大化利益来源可以是资源独占、权力垄断等一些其他因素，交易中常会出现一方依靠坑蒙拐骗等手段和方式来损害甚至牺牲他人的正当利益来片面满足和确保自己的经济利益的行为。要想改变这一现状，需要建立一个公平的交易环境和交易秩序，以确保公平交易。这也说明了人类的逐利行为离不开声誉机制这一有力杠杆。

三、声誉机制的作用

声誉机制正逐步成为现代企业经营者激励机制的重要的、不可分割的一部分。经营者的声誉是其名声和荣誉，是个人信用的基础。经营者的声誉不仅是经营者长期诚信经营企业的结果，还是经营者管理能力的一种证明。声誉机制是一种长期有效的激励机制，保持良好的个人声誉已经引起企业经营者的重点关注。声誉机制是经营者在市场中的信息披露机制，可以解决信息不对称的"逆向选择"问题。

（一）声誉机制的长期激励作用

克瑞普斯（Krips）等人的声誉理论来源于对消费者重复购买与垄断公司提供的产品或服务质量之间的关系的讨论。[1] 他们的研究结果表明，只要消费者重复购买垄断产品或服务，就会使利润最大化的垄断公司形成良好的声誉。企业一旦树立良好的信誉，将获得长期的经营效益。声

---

[1] DAVID KREPS, PAUL R. MILGROM D, et al. Rational cooperation in the finitely repeated prisoner's dilemma[J]. Journal of Economic Theory, 1982,27：245 — 252.

誉作为一种激励约束人的行为的工具，其作用机理也体现了这一点。基于法玛思想的霍姆斯特姆通过建立代理人市场——声誉模型，表明市场的声誉可以当作明确的激励合同的替代物。[①] 企业管理者努力管理企业，除了得到更多的物质报酬，还通过企业的发展来证明自己的业务能力和存在价值，期望得到高度重视和尊重，即马斯洛的自我实现的最高层次需要。

声誉机制对职业经理的激励约束机制是与经理市场的竞争选聘机制紧密相连的。经理市场的本质是企业经营者的上岗竞聘机制，竞争选聘的直接目的在于将企业经营者的职位交给有能力和有积极性的经营者候选人，而凸显经营者候选人能力和努力程度的显示机制是基于候选人长期工作业绩建立起来的职业声誉。经理市场的"供方"为候选人，"需方"是企业。企业经营者的报酬是价格信号，而声誉是质量信号。职业声誉来自长期化的企业经营。声誉的核心是信任，而信任是交易、交往的前提。企业经营者只有通过长期化的努力经营建立良好的声誉，促使企业所有者对于其经营管理决策能力产生信任，才能扮演企业经营者的角色。如果没有良好的职业声誉，或者发生公司丑闻（产品质量安全问题），企业高管会变更、高管个人财富会损失，甚至会提前结束其职业生涯。[②]

（二）声誉磁场对利益相关者的吸附效应

企业声誉吸引优秀员工加入，鼓励消费者重复购买，培养其对企业产品的忠诚度，降低投资风险并吸引新投资者，促使新闻媒体记者和金融证券分析师提高评级。企业良好的信誉，是一个巨大的无形资产，是企业可持续竞争优势的重要来源。企业声誉带来的吸附效应范围非常广，具体内容如图6-1所示。

---

①HOLMSTROM B, Managerial Incentive problems — a dynamic perspective[Z].NBER working paper 6875, 1999.

②醋卫华.公司丑闻、声誉机制与高管变更[J].经济管理，2011(1): 76-83.

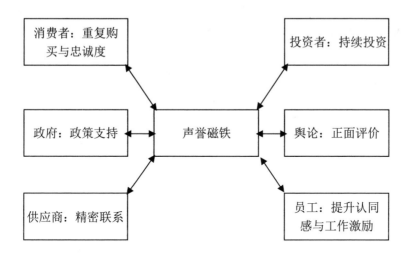

图6-1 声誉磁场模型

良好的信誉是企业可持续发展的前提。企业一旦建立起来良好的社会声誉，就会给予消费者质量保证和重复购买该企业商品或服务的信心，并促进客户对该企业或者该品牌忠诚度的建立。对于现在的以及潜在的投资者来说，公司的良好声誉促进投资者持续追加投资和潜在投资者进入。企业声誉高，对于员工而言，预示着良好的职业发展前景和高收入、高福利。从公共关系角度分析，企业的声誉高，可以获得政府的一系列优惠政策和相关政策资源支持。

（三）企业声誉的效应分析

我们可以从两个方面来进行企业声誉的分析。

1. 企业声誉的自动筛选效应

企业声誉不仅吸引利益相关者，而且吸引与企业声誉层级相一致的利益相关者。声誉越高，企业周围利益相关者的等级越高。企业的声誉越好，就越有可能吸引勤勉诚信的员工、忠诚的高消费者和值得信赖的供应商和大量实力雄厚的投资者。声誉作为外部显示自己产品或服务的市场信号，需要一定的成本投入。商品或服务的质量越高，所需的声誉投资越高。因此，公司对声誉的较大投资将通过较高的价格、相对较高的工作效率要求、较严格的供应商供货要求和合作弹性等体现出来。消费者认同企业的市场定位，觉得企业的产品和服务的评价能够彰显自己的消费理念和社会经济地位，才愿意接纳企业的产品和服务；投资者认可企业诚信经营的理念，才愿意出资让企业去运营。自动筛选机制使企业磁场的声誉显示出层次结构，高信誉企业吸引了高层次的利益相关者，他们因为共同的理念和诉求结合在一起。因此，企业的声誉磁场在吸附利益相关者的同时，也自动进行了市场筛选，具有自动筛选效应。

2.企业声誉的自我加强效应

声誉的磁场具有自我加强的特点。声誉是一种社会评价，社会认知容易产生定势效应和晕轮效应的偏差。对于一个拥有良好声誉的企业，一旦形成社会评价，就会相对稳定下来，人们对企业现状的评价产生定势效应——这个企业是个优秀企业，它推出的新产品、新服务将延续下去。良好的声誉产生的社会晕轮效应也很明显——虽然在产品和服务上存在一些缺陷，但由于存在声誉的光环，使得消费者忽略了这些问题。声誉机制创设的威慑充分虑及企业的长期收入流，借助无数消费者的用脚投票深入作用于企业利益结构的核心部分，因而能有效阻吓企业放弃潜在的不法行为，是一种有效的社会执法。[①] 良好的信誉一旦形成，将通过口碑以及新闻媒体报道不断自我强化，形成声誉机制的自我强化效应。

四、声誉理论下的声誉模型

信用市场是一个典型的声誉机制发生作用的市场，以此市场为例构建典型的声誉模型。[②]

（一）声誉模型的条件假设

假定博弈参与人是信用交易活动的双方，即授信人和受信人。授信方是合作型的，不会利用机会主义行为来侵害受信方的利益，一旦把信用提供出去，授信方便完成自己在信用活动中的义务，影响信用活动结

① 吴元元.信息基础、声誉机制与执法优化——食品安全治理的新视野 [J].中国社会科学，2012(6): 15-23.

② 吴晶妹，林钧跃.信用经济学 [M].北京：高等教育出版社，2015: 41-42.

果的只能是受信方，这要依据受信方是否守信，是否遵循信用合同的意愿和能力而定，受信方具有能保持其与授信方合作的优势，授信方的行为对于受信方而言是属于公共信息或共同知识（common knowledge）。另外，假定受信方有两种类型：一类是守信型；另一类是不守信型。受信方属于何种类型，只有他自己知道，对授信方而言，这是私人信息（private information），但授信方可以通过观测合作互动行为来推断受信方的类型并修正对受信方的判断。若受信方失信行为损害了授信方的利益，授信方就会解除合作契约关系，永远不与受信方合作。并且其他的授信方在掌握受信方不守信信用记录的情况下，也会采取与受信方不合作的策略；否则，双方继续合作。

（二）声誉模型的单阶段博弈

假定 V 为受信方失信时的超额收益率（若信用双方都严格信守合同，双方将获得正常收益，若受信方不信守合同，他将获得超额收益）， V^e 为授信方预期受信方的收益率。用 $a=0$ 代表守信型的受信方， $a=1$ 代表不守信型的受信方。假定受信方的单阶段效用函数（这里指超额效用）如下：

$$U = -\frac{1}{2}V^2 + a(V - V^e) \tag{6-1}$$

若 $a=0$ ，只有当 $V=0$ 时（受信方只获得正常收益，没有获得超额收益），才能使其效用最大化。也就是说，对于守信的受信方而言，守信是他的最佳选择。若 $a=1$ 时，即受信方为不守信型，在单阶段博弈中，上式的最优一阶条件为：

$$\frac{\partial U}{\partial V} = 1 - V = 0 \tag{6-2}$$

不守信的受信方的最优超额收益率为 $V=1$ ，此时 $a=1$ ，即在一次性博弈中，理性的不守信型受信方是没有必要合作的，即会选择不守信。

（三）声誉模型的 T 阶段重复动态博弈

设授信方对 $a=0$ 类型受信方的先验概率为 P_0 ，则对 $a=1$ 类型的先验

概率就为 $1-P_0$。假定博弈重复 T 阶段，令 Y_T 为 T 阶段受信方选择守信的概率，X_T 为授信方认为受信方守信的概率。在均衡的情况下，$X_T = Y_T$。

如果在 T 阶段授信方没有观测到受信方的失信行为，根据贝叶斯法则，授信方在 $T+1$ 阶段认为受信方守信的后验概率为 P_{T+1}，不小于 T 阶段受信方守信的概率 P_T，所以，如果受信方本期选择守信，那么授信方认为受信方在下期守信的概率是会增大的。同样，如果受信方本期选择不守信，则授信方下期认为受信方守信的概率 P_{T+1} 为零。就是说，若受信方本期不守信，授信方就推断出受信方是不守信的，从而在下期（$T+1$期）受信方可能就会失去与授信方合作的机会。因此，不到最后阶段，受信方不会选择失信行为。

在 T 阶段（最后阶段），受信方没有必要再树立守信的声誉。因此，受信方的最优选择是 $V_T = a = 1$，授信方预期受信方的收益率为 $V_T^e = 1 - P_T$，受信方此时的效用水平为：

$$U_T = -\frac{1}{2}V_T^2 + a(V_T - V_T^e) = -\frac{1}{2} + [1 - (1 - P_T)] = P_T - \frac{1}{2} \qquad （6-3）$$

因为 $\frac{\partial U_T}{\partial P_T} = 1 > 0$，不守信型受信方最后阶段的效用是声誉的增函数，即以前良好声誉积累越多，最后阶段的效用越大。如果没有相应的约束机制，在最后的预期内，受信方就会产生失信行为。

第二节　声誉机制的传播机理

一、声誉机制发挥作用的前提条件

声誉机制的本质是游戏的参与者愿意放弃一次性当前收益的诱惑，以获得长期收益。声誉机制的信号传输功能降低了信息不对称的程度，改变了博弈结果。要发挥声誉机制的作用，要具备以下两个基本前提条件：

其一，博弈必须是重复的，双方交易必须有足够高的概率继续下去。重复博弈意味着当事人收入的贴现因子要达到很高，当事人有足够的耐心和积极性建立良好的声誉，囚徒困境中的双方最终走向合作。

其二，市场要有足够的竞争性。只有在竞争激烈的市场中，企业才能动力建立良好的声誉。在非竞争市场中，如果垄断者损害消费者利益，处于弱势的消费者没有抵抗力并做出不购买其产品或服务的决定，而垄断者很容易找到其他消费者来完成交易。如果欺骗可以使企业的当前收益最大化，而未来的交易收益也不会因此受损，理性的企业肯定不会重视声誉。因此，如果市场中的企业处于垄断地位，消费者就没有选择的权利，就没有动力进行声誉投资。但如果存在竞争者，利益受到损害的消费者可以与另一家企业交易，惩罚违约者的欺骗行为。欺骗会使违约方受益，但他会失去未来的交易机会和盈利能力。机会成本的增加迫使公司约束其欺诈行为。为了在竞争中处于有利地位，竞争性企业要力图展现比竞争对手更守信誉，市场中会出现自发的声誉竞争。

二、信息传播与企业声誉

传统经济学假定企业是一个"生产函数"，如传统经济学说的函数 $f(L, K)$，但是，企业其实不只是一个生产函数，它还是一部"创新的机器"；就市场的实际运行而言，或许更重要的是，企业是一个"声誉载体"。因为法人制度的存在，企业就成为把一个个有限的生命连续成无限生命的组织。有了企业这样的无限生命的组织，声誉机制就能更好地解决信息不对称带来的逆向选择问题。在市场上，企业唯一的资产就是它的声誉。因为企业的厂房、设备等有形资产，都可以被看作是投入的前期成本，而企业真正的资产只有声誉，声誉毁了就没有存在的必要了。

企业的信誉依赖于交易对手的认同，而认同是以消费者所掌握的信息数量和质量为基础的。由于市场规模极大，一个人不能与所有企业建立交易关系，所以人们判断一个企业的信誉不能完全根据以往的交易经验。确定企业的可信性主要取决于其口碑相传的市场交易声誉。因此，有效的信息传输系统对于建立企业信誉机制至关重要。随着社会分工的深化，交易双方的信息越来越不对称，现代企业传播的信息越来越多，如何从巨量信息中寻找到自己所需要的信息，如何甄别进行交易的企业信息的真伪，如何判断企业对长期利益和短期利益的偏好，这时就需要用到新闻媒体等声誉传播机构，其适应市场交易过程中内生性需求而产生的一种中介组织。

随着媒体曝光数量的增加，上市公司纠正不正当行为的可能性也在增加，市场导向性媒体在公司治理中发挥更积极的作用。[1] 新闻媒体主要从事信誉评估、信息传递以及信用担保等工作。一个信息流动十分缓慢的封闭社会，一定是一个信誉特别匮乏的社会，声誉中介机构也就应运而生，它的介入可以使市场主体之间的信息更加对称，如《财富》杂志的"全球最受尊敬的企业"（GMAC）排名。声誉中介是由市场内生的一种专门从事企业信誉工作的经济组织，其本身是一个信誉载体，必须有非常好的声誉，否则它会被市场立即淘汰，如许多小报的生命周期很短。

三、声誉信息传播的有效性

声誉不论是好还是坏，都是交易参与者之间交互的结果。如果守信誉的信息得到市场认可，企业就不可能从诚实守信中得到任何收益，因为消费者只相信已经建立起良好的声誉的企业。因此，声誉机制要发挥作用，不仅需要企业积极建立良好的声誉，还要解决声誉信息传递的有效性问题。如果声誉信息传播的速度缓慢，企业损害消费者利益行为就不会被其他经济人及时了解，企业可以继续欺骗，获得更多的非法利益，这可以在一定程度上抵消失信行为最终被发现的损失，也使得声誉机制的作用受到限制。因此，高效率的信息传递系统对声誉机制的运作具有非常重要的意义。淘宝就是一个典型例子，它具有信用等级评价体系（好评、中评和差评），分为星级、钻级、蓝冠和金冠四个等级，打造一个透明、公开、诚信的交易平台，网络化平台加快了信息传播速度，交易双方权衡得失，从而保持自己的声誉。

第三节　重复博弈与声誉机制运作机理

一、KMRW 定理

在一次博弈过程中，企业的短期行为导致了企业只重视短期利益，

---

[1] 李培功，沈艺峰. 媒体的公司治理作用：中国的经验证据 [J]. 经济研究，2010(4)：14–27.

忽视了声誉的长效机制。声誉对参与人的行为决策的影响以及企业声誉机制作用机理的经济学模型，是由克瑞普斯为解决"连锁店悖论"而建立起来的。连锁店悖论和人们在现实世界中观察到的具体情况不一致，克瑞普斯将不完全信息引入重复博弈，成功解决这个悖论，即 KMRW 定理[①]：只要博弈的次数足够多（不一定求无限），声誉机制就能起到很大的作用，上一阶段的声誉往往影响下一阶段及以后阶段的效用，现阶段良好的声誉往往意味着未来阶段有较高的效用。[②] 博弈中，参与人对其他参与人收益函数或者策略空间的不完全信息对博弈均衡结果有重要影响，只要博弈重复的次数足够多（关联博弈条件下更好），合作行为也会在有限次博弈中出现。[③] KMRW 定理提示了声誉的本质在于声誉可以使行为人获取长期收益，是一种隐性激励机制。行为人要积极形成良好的声誉，以此换取长期利益，而尽量避免那些短期的甚至是一次性的收益。组织内部的行为不仅受经济利益驱动，还受到社会规范的影响，在重复博弈下，声誉机制将促进合作行为的出现。[④]

交易是经济活动的核心，与契约密不可分。对一项交易而言，每一项交易可以理解为契约的签订与契约的执行问题，并且契约在签约后的执行与否对交易双方利益的实现至关重要。一般来说，有两种类型的合同执行机制，一种是基于国家强制的公共执行机制，另一种是基于信誉的私人执行机制。

声誉机制发挥作用的契约形式主要是非正式契约，即隐性契约，声誉机制在这类契约中发挥着双边或者多边的约束作用。与签订正式契约谋求改变博弈的纳什均衡的方式相比，以重复博弈为基础的声誉机制的优势在于：由于契约的不完备性，契约在改变博弈结果方面，效力是有限的；此外，契约在签订和执行的时候是需要成本的，有时候成本还相当巨大，而且契约效率的发挥主要取决于对违约行为的惩罚程度，惩罚的执行又往往需要第三方。[⑤]

① 张维迎 . 博弈论与信息经济学 [M]. 上海：三联书店，2004：372.
② 周黎安 . 晋升博弈中政府官员的激励与合作——兼论我国地方保护主义和重复建设问题长期存在的原因 [J]. 经济研究，2004(6)：33-40.
③ 杨柳 . 法律、管制与声誉约束 [D]. 上海：复旦大学，2007.
④ 罗必良 . 村庄环境条件下的组织特性、声誉机制与关联博弈 [J]. 改革，2009(2)：72-80.
⑤ 杨柳 . 法律、管制与声誉约束 [D]. 上海：复旦大学，2007.

二、声誉机制的企业治理机理分析

当两个或多个博弈组成关联博弈时，会使得在独立条件下所要求的苛刻激励约束条件变得较为宽松。[1] 贾生华等用关联博弈对此进行解释：一个参与人不仅参与交易域的经济博弈，还参与社会交换中的重复的社区博弈。[2] 在社区博弈中，参与人之间的博弈从交易域拓展到社会交换域，有社会声誉的社区成员会获得一定规模的社会资本，如果缺乏声誉，即违反社区规范和社区文化，则会被驱逐，从而丧失作为社区成员的社会资本。参与人为了获得社区博弈中的收益，就会积极在交易域的经济博弈中建立起自己的社会声誉，选择合作行为而约束机会主义行为。

声誉信息在各个企业利益相关者之间交换、传播，形成企业声誉信息流、声誉信息系统与声誉信息网络。[3] 在现实中有很多以声誉为基础的私人契约机制对低声誉者（或无声誉者）进行惩罚的例子。在产品市场上，如果一个企业总是生产和销售假冒伪劣商品，消费者自然会联合起来拒绝购买其产品，企业最终会被驱逐出产品市场。在重复博弈形成的纳什均衡中，理智的企业比较长期得益和短期得益之后，最终选择诚信交易。博弈结果是企业与消费者之间的自愿选择行为，不存在第三方强制执行，没有签约成本和执行成本。以重复博弈为基础的声誉机制是一种节约交易成本的机制。

第四节　建立声誉激励机制

企业的声誉是一种无形资产，它可以作为一种有价的可交易资产。企业出于对未来收益的考虑，会尽力维护其良好声誉。

一、完善声誉机制作用的外部环境

声誉机制有效性的提高受制于社会法律环境、规章制度的完善和正

① 青木昌彦. 比较制度分析 [M]. 上海：上海远东出版社，2001：86.
② 贾生华，吴波. 基于声誉的私人契约执行机制 [J]. 南开经济研究，2004(6)：16-21.
③ 毛黎明. 企业声誉形成与传播机制 [J]. 财务与金融，2009(4)：72-80.

确的道德伦理、意识形态的形成。法律、规章制度的作用在于惩恶扬善，没有对"恶"的行为的惩处，就没有对"善"的行为的鼓励。完善法律制度对声誉机制作用的发挥至关重要。然而，法律的威胁及规章制度对人的行为的约束范围是有限的，而且成本较高。企业经营者的大多数"机会主义"行为并非是违法行为，很多违章行为也是难以查处的。相比之下，由于道德伦理、意识形态对人的行为的影响在于"教化"，使人自觉地约束自己的机会主义行为，所以作用范围相对广泛。但如果通过意识形态的教化作用，使经营者意识到重视自己的声誉，遵守职业道德，自觉地约束自己的机会主义行为，也就不存在"终止博弈问题"，声誉机制的作用会得到最大限度的发挥。我国目前仍然处于并将长期处于社会主义初级阶段，社会主义法治建设仍然任重道远，现代道德伦理处于转折碰撞期。我国市场运作、企业信用、信誉机制、产权激励机制不是很完善，还存在诸多弊端。要建立企业消费者责任治理的长效机制，就必须健全市场经济的信息、信誉机制，通过完备、畅通和准确的信息市场和高度发达的声誉机制来调节市场的供给。建立完备的信息记录，加强媒体监督企业损害消费者利益的行为，充分发挥声誉机制的载体作用，改善公司治理水平，对企业经营者行为的激励约束具有长远意义。

二、稳定企业经营者的长远预期

市场是动态的、演化的、具有不确定性的，而不是完全理性的、静态的，所以要注意预期机制的重要作用。保证企业经营者长期盈利预期是经营者声誉机制发挥作用的基础。这不仅因为经营者声誉只有在长期经营过程中才能建立和形成，还因为只有对未来有长远计划的经营者才会在经营管理活动中注重自己的声誉问题。[①]

只要企业经营者预期到博弈能够长期重复进行下去，未来收益巨大，就会为了长期保持经营者职位，获取长期收益，重视自己的职业声誉，严格约束自己的行为，避免机会主义行为发生；反之，如果企业经营者预期到是一次性的博弈关系或者博弈快结束时，就有可能重视现期收益，

① 黄群慧. 报酬、声誉与经营者长期化行为的激励 [J]. 中国工业经济，2001(1): 58-63.

无所谓职业声誉，用尽剩余资本，发生机会主义行为。所以，要为企业经营者建立与市场机制相配套的、糅合各种金融工具的、复合的（经济、政治、福利等）激励机制。

三、提高声誉信息传播的有效性

声誉的"质量"在很大程度上决定着企业经营者声誉机制作用的有效性。声誉是体现企业经营者经营管理能力、创新能力、企业领导能力和努力程度、敬业精神的公共信息。这种信息的产生和传输应该是准确的。只有根据准确的声誉信息奖励和惩罚企业，声誉机制的激励机制才能对企业起作用。企业声誉信息的产生必须严谨、客观、公正、权威，具有较高的诚信度和公信力，不能由"全国牙防组"之类的评级机构产生，可以借鉴《财富》杂志的企业声誉指数排名方法。错误的声誉信息肯定会使声誉机制的激励约束机制产生扭曲，起到反作用，引导企业经营者把精力放在追求虚名等非生产性行为上，而真正有能力的经营者的生产性行为却得不到有效激励。解决这类问题的主要方法是建立充分竞争的经理市场，充分的市场竞争机制是保证经营者声誉"质量"最有效的措施，是避免声誉机制扭曲的根本保证。真正优秀的企业经营者的声誉是在长期的市场竞争中获得的，通过残酷的市场生存竞争的检验的企业经营者才是有良好声誉的经营者。

第七章　消费者保护政策的国际借鉴：以美国为例

第一节　美国的消费者保护政策的特点

世界上最早提出"消费者权益保护"这一概念的国家是美国，经过百年时间的发展完善，已形成了一整套消费者权益保护体系，其主要有四个特点：

第一，特别重视健康和安全。消费者的人身健康和安全被放在消费者权益保护方面的首要地位。美国联邦政府设立的消费品安全委员会（FDA）为消费品的安全性制定严格的标准和法规，并监督执行。处罚手段包括罚款、媒体曝光和公布召回问题产品等，必要时可通过法律程序严惩违法的商品生产者和经销商。

第二，政府、民间共发力。在美国，从事消费者权益保护的不仅有联邦、州和地方各级政府机构，还有众多的民间或行业组织。政府机构与民间组织合作，发挥合力作用，将消费者权益保护延伸到社会的各个角落，不留缝隙，为消费者的合法权益提供全面有力的支持与保护。

第三，执法特别严格。美国借助法律保护消费者权益，两手抓，一手严格执行已有的法律法规，严厉打击垄断、欺诈等违法行为；另一手为消费者提供便利的司法服务，如小额诉讼法庭。小额诉讼法庭具有投诉费用低廉和纠纷解决迅速等优点，为保护消费者的索赔权发挥了重要作用。

第四，投诉简便、畅通。消费者投诉渠道有很多，包括投诉电话、邮局信件、电子邮件等。从事消费者权益保护的机构或组织都有自己的专业网站，上面有办公地点、联系方式，以方便消费者投诉。不管消费者投诉的事件是大是小，相关人员都会立即处理。[①]

---

① 周晓红.各国消费者保护政策比较 [J].中国防伪报道，2010(3): 56-58.

第二节 美国消费者保护政策的主要内容

一、产品召回政策

美国是世界上最早确立和实行产品召回制度的国家，目前已经形成系统完善的产品召回制度，程序严格，可操作性强。[①] 召回制度最早起源于汽车伤人案件，1966 年制定的《国家交通与机动车安全法》中明确规定汽车制造商有义务召回有缺陷的汽车。后来应用到可能对人们造成人身伤害和财产损失的食品、药品、化妆品、儿童玩具、消防品等领域，并逐渐为其他经济发达国家所采用。所谓产品召回制度是指企业在确认其产品存在危及消费者健康安全的缺陷时，依法向政府部门报告，召开新闻发布会，及时通知消费者，收回缺陷商品，以消除缺陷产品危害风险，予以更换、赔偿的一种行政管理制度。美国福特汽车因凡士通轮胎爆炸事件（2000 年福特与 Firestone 轮胎发生的一起丑闻成为世纪焦点，累计造成 200 人死亡）赔偿了 35 亿美元。美国产品召回制度表明，产品召回制度是一种激励约束，可确保产品质量和维护消费者合法权益，有利于增强企业的产品质量意识。

利润最大化是市场经济条件下企业的追求目标，不法企业会把本属于自己承担的部分研发设计成本转嫁出去，让广大消费者承担。缺陷产品召回，可以强迫企业在产品召回的压力下严格规范自己的质量管理制度和生产行为，从而维持企业的正当竞争和规范市场秩序。汽车召回、家电召回等大量事实表明，企业对有瑕疵产品的主动性召回，并且召开大型产品召回新闻发布会，不会影响该企业产品在广大消费者心目中的地位，反而会让消费者对企业留下诚信、负责的印象，在一定程度上是一次公关关系操作。

产品召回是企业对于自己缺陷产品的一种全面的补救方法，它包括将有瑕疵产品迅速回收、为该商品消费者提供商品维修、退换缺陷产品

[①] 郝丽娟. 美国保护消费者权益的做法 [J]. 认证技术，2013(7): 66-68.

等服务。在美国，根据产品的不同分类，由不同的机构来召回相应的产品，如表 7-1 所示。

表7-1 美国产品召回制度对应机构

产品分类	管理机构
车辆	国家公路交通安全管理局（NHTSA）
船舶	美国海岸警卫队（VSCG）
食品	美国食品和药物管理局（FDA） 美国农业部食品安全检验局（FSIS）
药品	美国食品和药物管理局（FDA）
化妆品	美国食品和药物管理局（FDA）

二、消费者集体诉讼

美国的集体诉讼允许"集体代表"的一人或数人代表所有处于类似处境的多人甚至无数人提起法律诉讼，合法要求利益损害赔偿，对美国消费者合法权益保护发挥了不可替代的特殊作用。[①] 作为一种主要用以解决小额消费纠纷的法律制度，旨在救济分布过于分散的利益被损害消费者，剥夺不法企业的不当收益并防止其继续实施违法侵害消费者行为。

实践表明，美国消费者集体诉讼的功能主要包括以下两点：第一，迫使不法企业直接向受害消费者提供赔偿。不法企业的一个违法行为，可能很微小，但会给众多的消费者造成损失，而不法企业给每一个消费者造成的损失又很小很小，可以忽略不计或者是潜在的、不明显的危害，不方便进行法律诉讼，消费者集体诉讼将众多的小额消费纠纷合并在一起，允许一个或数个原告代表所有的受害者提起诉讼，通过消费者集体诉讼程序可以解决小额消费纠纷，如食品药品安全问题。若没有集体诉讼制度的应用，这些权益不仅无法得到保障，很有可能只会停留在潜伏

---

① 钟瑞华.美国消费者集体诉讼初探 [J].环球法律评论，2005(3): 342-356.

状态。第二,剥夺不法企业不当得利并预防其违法行为。① 经济全球化、全球分工协作是生产力发展的必然结果。买全球、卖全球是现代国际性大市场的具体表现,一个跨国企业的畅销产品往往会遍及全球,如特斯拉汽车、苹果电脑、三星手机。公司在产品设计、生产中稍微偷工减料,就能获得巨额利润。由于涉及的金额太小,消费者往往忍气吞声,更不会专门花钱雇请律师、诉诸法院。如果此时国家不加干涉,违法企业就会获得巨额非法收入。美国现行的法律认为,违法者不得从自己的违法行为中获利,在企业通过向无数消费者施加微小损害而获利的场合,即使不可能对每一个受害消费者进行精确的赔偿,也不得允许经营者保留非法收入。② 虽然消费者集体诉讼被某些人称为"负价值"(仅仅从投入产出角度分析,为进行此类诉讼花费的成本远远高于受害消费者因此获得的直接收益)的诉讼,但是消费者集体诉讼具有剥夺不当得利并预防违法行为的功能,所以美国仍然坚持采用消费者集体诉讼制度。③

第三节　借鉴与启示

经过多年的摸索,发达国家对于如何保证商品质量积累了大量的经验教训,对消费者实施保护的方法一般有以下三种:

其一,加强顶层设计,强化国家监督。加强立法,武装到"牙齿"。通过设立必要的权威机构,如"消费者保护司",充当消费者辩护人,对广大消费者进行保护。

其二,制定行业规章制度,强化行业监督。为了维护自己所在行业的声誉,加强行业内的监督管理,也能起到对消费者利益保护的客观作用。

其三,通过 NGO 等组织加强社会监督。在西方欧美发达国家,消费者组织等 NGO 组织大量存在,以有一定社会影响力的专业组织而加强社会监督,进而维护消费者正当利益。④

① 钟瑞华 . 美国消费者集体诉讼初探 [J]. 环球法律评论, 2005(3): 342-356.
② 钟瑞华 . 美国消费者集体诉讼初探 [J]. 环球法律评论, 2005(3): 342-356.
③ 钟瑞华 . 美国消费者集体诉讼初探 [J]. 环球法律评论, 2005(3): 342-356.
④ 周晓红 . 各消费者保护政策比较 [J]. 中国防伪报道, 2010(3): 32-38.

发达国家的消费者保护政策设计周密，运行高效，保护了消费者利益，提高了社会福利，为我们提供了宝贵的启示。[①] 基于制度移植与制度借鉴，根据中国国情的具体特点，我国要借鉴欧美发达国家的消费者保护政策措施、制度构建、运行机制，来维护消费者正当利益，促进社会和谐，保持经济健康可持续发展。

---

① 高晓红，康键．主要发达国家质量监管现状分析与经验启示 [J].世界标准化与质量管理 ,2008(10): 4-8.

第八章 多元协调治理，促进消费和谐

第一节　企业消费者责任治理机制及影响因素

一、政府治理机制的有效性及影响因素

（一）政府治理机制的效果分析

随着科技进步，企业生产经营过程日趋复杂，信息不对称成为一种必然存在的现象，使得消费者对相关商品、服务的信息资源的占有处于劣势地位。[①] 商品的构造日趋精密复杂，企业作为博弈的一方，在拥有信息和传播方面占有相对主动地位，出于自利目的，其向消费者提供的信息很难客观、公正和全面，甚至可能提供虚假信息。企业往往拥有雄厚的资本和复杂的组织结构，消费者在力量上处于明显劣势地位，这就使得企业能够利用其优势地位，强迫消费者接受其苛刻的不公平的交易条件。生产与经营的全球化、高度专业化，常常使消费者难以追究具体责任者。同时，高昂的诉讼成本常常使消费者望而却步。仅仅依靠市场机制的自发作用很难以改善消费者弱势地位，根本的解决办法还是政府的积极干预，完善制度和法律来弥补市场缺陷，为消费者提供有效保护。

随着市场交换的不断扩张，国家将逐渐成为首要的保护产权和实施合同的第三方实施机制。"私人第三方实施者缺乏司法效力。相比之下，中央政府则垄断了对暴力的合法使用权，实施司法裁决，并向私人征税。"[②] 确保存在一个有效的、正式的第三方实施机制，必然有助于产生对合同可实施性和产权安全性的相对的稳定性预期，从而保护相关交易者产权，并且降低相关的交易风险。诺思认为，当民族、国家最终掌握了强制性权力，可以没收不履行裁决的人的财产或将他们投入监狱时，

---

① 戎素云. 我国食品安全复合治理机制及其完善 [J]. 财贸经济, 2006(5): 82-84.
② 青木昌彦. 比较制度分析 [M]. 上海：远东出版社, 2001: 155.

惩罚犯规者的成本大为减少。^① 而且，国家实施的全面性税收制度代替个人对商法仲裁者的付费可大大降低维护第三方组织的成本。波斯纳认为："契约法的基本功能是阻止人们对契约的另一方当事人采取机会主义行为，以促进经济活动的最佳时机选择，并使之不必采取成本昂贵的自我保护措施。"^② 国家介入契约实施的规模效益、不断降低交易成本的制度变迁方式使得现代社会更多地选择国家作为第三方实施契约。政府治理力量作为第三方强制力量，对市场交易契约的完整实施具有重要作用——国家是契约的第三方和最终强制根源。^③ 诺思认为，一个国家（政府）必须演化为一个有效、公正的契约第三方执行者。^④

政府的激励与规制是保证企业履行消费者责任的重要途径。政府可以有针对性地制定公共政策或规制制度，对积极履行消费者责任的企业给予政策优惠，对消极履行消费者责任的企业给予惩罚。

（二）政府治理机制的局限性

从委托代理的角度来看，政府治理本质上是政府作为市场交易者的代理人，对市场中违法企业的行为进行治理，以保障市场交易契约的顺利实施。^⑤ 在缺乏有效的、具有可执行性的激励机制与约束机制的前提下，政府治理必然很容易出现代理人道德风险问题，从而使治理失败。表现为国家可以利用暴力强制实施契约，保护交易者的产权，但同样地，国家也可以利用暴力任意侵犯交易者产权。正如陈志武所言："各级行政部门，他们拥有随时书写法律、法规、条例和各类文件的权力，这些是

①NORTH, D C. Structure and change in economic history[M].New York: W. W. Norton, 1981.

② 波斯纳 . 法律的经济分析 [M]. 北京：中国大百科全书出版社,1997: 117.

③ 杨瑞龙，卢周来 . 正式契约的第三方实施与权力最优化[J]. 经济研究，2004(5): 4-13.

④NORTH D C.Structure and change in economic history[M].New York.W. W. Norton, 1981: 228.

⑤ 戎素云 . 消费者权益保护运动的制度分析 [M]. 北京：中国社会科学出版社，2008: 69-71.

对私有产权的最大威胁。"①

从公共选择理论来看，政府也是理性的、考虑成本收益的"经济人"。作为第三方强制者，也会在事先认真考虑强制实施行动的受益最大化问题。如果缺少必要的限制措施，它可能从没收其强制实施所带来的收益中获益。政府一旦将租金受益最大化作为自身的追求目标，肯定会出现腐败现象，不去强制实施不利于自身租金最大化的相关契约，导致正式契约无法执行。②

各种利益集团对于政府强制力有特殊的影响。他们利用政府代理人各种利己动机，运用各种方法腐蚀政府代理人，致使政府的强制力量被这些特殊集团所控制。施蒂格勒（Stigler）认为，政府的基本资源是权力。如美国游说组织所代表的特殊利益集团。③ 这其中，利益集团寻租与政府代理人寻租密切相关。政府在为利益集团提供获取租金收入机会的同时，也为自己获得租金收入创造了条件。这种状况使得政府的相对权利受到各种利益关系的约束，使得租金提供者对政府的相对权力评价很低，进而导致不执行契约或者不执行第三方（政府）的裁决。④

政府治理机制是通过法律、行政机构多个执法部门共同发挥作用来监督契约的执行。从世界各国的政治事件来看，政府部门具有在几个委托人之间分权的特征，每个委托人都只有有限的权力。其根据自己特定的目标，在自己的职责范围内实施治理，但这势必导致治理过程中治理机构之间的不合作行为，以致政出多门、标准不一、信息混乱，从而使契约的治理出现所谓的"反公地悲剧"。表现如下：每个政府部门在具体治理过程中都只想如何取得收益，而不愿投入具体成本，或者说每个政府部门在提供激励时都想不劳而获，搭其他政府部门的"便车"；或者政府部门之间可能会发生恶性竞争，即都愿意提供激励，使企业做好由自

① 陈志武.财富的逻辑1：为什么中国人勤劳而不富有[M].上海：上海三联书店，2018：86.
② 杨瑞龙，卢周来.正式契约的第三方实施与权力最优化[J].经济研究，2004(5)：6.
③STIGLER G J. The Theory of economic regulation[J]. Bell journal of economics, 1971(2)：3-21.
④ 杨瑞龙，卢周来.正式契约的第三方实施与权力最优化[J].经济研究，2004(5)：6.

己部门所直接控制的相关生产经营活动，而这些非合作行为的最终结果，要么给市场交易者提供过强的激励信号，要么提供过弱的激励信号，很可能导致政府第三方治理机制效率不高。

国家通过法律、行政等手段强制契约实施，还受到法律是否健全、法律规定是否合理等的影响。陈彩虹说："制度是人性弱点的产物。"[①] 制度在一定程度上是为了克服"经济人"利己损人行为而设计的。所以，制度本身的状况决定了制度对人的行为纠正或者行为激励的绩效。比如，某些法律规定受损害方具有举证责任，但是在有些情况下，受损害方是很难找到确凿证据的，这样即使利益被侵害，因为举证不全，受损害方也不能得到应有的补偿，违约方也因此而逃脱法律的严惩。

政府治理力量还会因客观及外部原因而受到影响。市场安全监测体系、相关监管法律法规、监管标准等制度供给不足和监管技术、检测手段落后等，都会导致政府相关信息缺乏而影响治理力量。

二、消费者治理机制的有效性及影响因素

消费者治理主要通过市场的私人力量（消费者）实现。方式有两种[②]：通过对违反交易合同的一方施加私人惩罚，以确保交易的正常进行。利益受损一方直接终止交易，使违约方在未来受到损失，也可能造成其他交易者拒绝与声誉不佳的违约者进行交易而使违约者失去未来交易机会，"这对那些利用契约另一方当事人的弱点和履行相继性的弱点而进行欺骗的人来讲，这是一个成本非常高的惩罚"。[③] 另一种是通过交易一方对另一方的正面激励来保证交易的正常进行。在交易中由消费者给予提供高质量商品的企业一定价格附加的正面激励，促使企业积极履约。正面激励、负面惩罚或者这两种方式配合使用，可以保证交易契约的完整、及时实施。

（一）消费者治理机制的效果分析

消费者治理机制是基于重复购买而确保契约绩效的治理机制。消费

---

① 陈彩虹.制度是人性弱点的产物 [J].经济学家茶座，2005(2)：101.

② 戎素云.消费者权益保护运动的制度分析 [M].北京：中国社会科学出版社，2008：61.

③ 波斯纳.法律的经济分析 [M].北京：中国大百科全书出版社，1997：117.

者可以通过直接终止交易（退出、举报、呼吁、投诉等）的方式对企业侵害消费者行为进行惩罚，也可以通过为高质量商品支付价格贴水（如品牌溢价）进行正面激励。

（二）消费者治理机制的影响因素

消费者治理机制发挥作用要受到下列因素的影响：交易双方利益上的相互依赖程度、消费者愿意支付的价格贴水水平、市场结构形式。

三、社会行业协会治理机制的有效性及影响因素

市场中的行业协会、商会等非营利组织可以被视为第三方集团，具有参与功能、监督功能和中介功能等。① 行会、商会内部有着严格的行规，通过行规来对其成员的利益、财产和契约进行保护。任何违反行业协会、商会所规定的（诚实交易）标准的举动都将受到取消行业协会、商会会员资格的惩罚。行会、商会等执行和监督契约交易的组织的出现，把某些违约行为的外部性问题内部化，在保障本集团成员利益的同时，客观上起到了对市场上其他交易者有益的作用。

当更广领域的、更多潜在的交易者进入交易博弈，潜在交易者因交易的性质相互接触机会不多，或者大家频繁流动过去侵犯他人权利的人不容易通过信息网络来识别，私人自我强加的惩罚企业不诚实行为的机制不会发挥其应有的作用。此时，第三方有必要代替直接的交易伴，成为非人格化的治理手段。② 引入第三方的目的是监督欺骗行为，传递某些商人行骗的信息。如果一个私人第三方集团是相对权威专业的，是可信的，可以在一定程度上通过改变博弈的信息结构，使商人的合法经营行为因为受到某种激励，而变得可以具体实施。李艳东等认为行业协会是同行业的企业出于利而集中起来的一种组织形式，其形成主要源自交易成本的节约或者租金的创造。③ 行业协会的职能不仅包括联系政府与

① 戎素云.消费者权益保护运动的制度分析 [M].北京：中国社会科学出版社，2008：61.

② 青木昌彦.比较制度分析 [M].上海：上海远东出版社，2001：75-79.

③ 李艳东，郑江淮.私序的功能与转型：一个述评 [J].产业经济研究，2007(1)：64-70.

市场，而且能在一定程度上弥补市场失灵和政府失灵；协会的功能是降低交易成本和惩罚合约执行中的机会主义行为，而行业协会的内部治理结构和外部治理结构是否有效是行业协会职能得以发挥的重要保证。[①]

行业自律组织是市场自发形成的一种社会中介机构，它能降低交易成本。其有效性受制于下列因素：

其一，取决于私人或民间组织的立场公正性。有的行业协会热衷于寻租活动，乱排序、乱评比、乱收费而疏于行业自律管理。

其二，行业协会组织及成员的道德风险。行业协会治理中的道德风险将削弱其治理力量。行业协会可能过于强调自身利益而忽视社会利益。

其三，自身存在资金不足、人才匮乏等缺陷。

第二节　提高消费和谐性：
多元协同治理（耦合）机制

单一治理机制都存在不足之处，要想提高消费和谐治理的有效性，实现善治，必须完善与之相适应的体制、机制等制度环境，创建利益相关合作机制，多中心嵌入，利用多元协同治理机制发挥综合作用。[②] 诺贝尔经济学奖得主奥斯特罗姆认为，管理现代公共事务不能只有政府这样一个公共权力中心，除政府外还需要让诸多社会性组织参与其中，这是一个"国家、社会、市场"上下互动的管理过程，而不是单向管理。[③]

一、单一治理的失衡与互补

青木昌彦认为，市场治理的整体性制度安排呈现多样化的一个源泉是各机制元素之间存在的相互支持的互补性关系。[④] 这里，互补性关系

① 郑江淮，江静.理解行业协会 [J].东南大学学报，2007(6): 56-62.

② 戎素云.消费者权益保护运动的制度分析 [M].北京：中国社会科学出版社，2008: 64-69.

③ 奥斯特罗姆.公共事务的治理之道：集团行动制度的演进 [M].上海：上海译文出版社，2012: 35-49.

④ 青木昌彦.比较制度分析 [M].上海：上海远东出版社，2001: 57.

指的是某种治理机制的有效性（或存在性），直接或间接地被另一种机制的存在所强化。各治理机制之间的互补性关系体现在以下方面：

第一，复合治理力量是三种治理力量的组合，该组合因一国历史文化状况、市场特性等有所不同。计划经济的历史轨迹决定了人们倾向于利用政府机制来解决问题，存在路径依赖。此外，市场机制发育不完善、社会自治组织不具备成熟主体资格情况下，政府治理力量也需发挥关键作用。

第二，政府力量是治理的重要力量。其一，没有任何力量能够凌驾于政府力量之上。政府可以通过处罚方式严厉惩治失信企业。其二，信息传播。无论是信息发布的权威性，还是对信息披露制度的强化、高效信息传递渠道的建立等，政府都具有不可替代性。消费者的呼吁力量将通过政府力量来实现，政府提供的法律体系的完整性和政府治理的公平正义性决定消费者呼吁的最终效率。其三，政府为行业协会等社会自治组织提供环境，从根本上决定着这些组织能否健康运转。

第三，社会自治组织治理力量是政府治理的重要补充。从节约执行成本的角度看，社会自治组织治理直接来自企业，信息的非对称程度相对较小。当行业协会的自律管理活动变成企业的自觉行动，政府的监督和法律实施成本将大大降低。

第四，消费者治理力量是基础的治理力量。同政府和社会自治组织相比，消费者是最直接的市场主体，是权益的直接利害者。只有消费者积极行动，才能尽快发现违约行为。消费者是三种治理力量中最不可能存在"道德风险"的主体，消费者的积极呼吁将对其他两种力量产生巨大推动力。

二、多元协同治理（耦合）机制的必要性

在腐败源广泛存在的情况下，任何一种手段的有效实施都要支付社会无法承受的高昂成本。每个治理机制或多或少都存在不足，每个治理机制都可能发生"失灵"现象当机制失效或部分无效，导致机制效率低下时，将出现更有效的机制，以维持市场交易的有效运作。为了最大限度地发挥治理的有效性，最大限度地维护消费和谐、增进公共利益，达

到善治，要构建以政府、厂商、消费者和社会第三部门耦合互动的复合机制。

所谓协同治理，是个人、公共或私人机构管理公共事务的各种方式的总和，是一个持续进行的过程，尽力协调相互冲突的利益相关者，并采取联合行动，包括正式的、具有法律约束力的相关政策、制度和规则，也包括各种非正式制度安排、沟通协调与最终和解。[①]

即使在发达的市场经济中，私有产权和合同也不只通过正式的法律制度来执行。各种各样的治理机制，无论是私人的还是公共的，正式的还是非正式的，都是作为制度安排的复合体同时发挥作用。市场上的实施机制会是多种机制的合力。这个复合体被称为整体制度安排的市场治理结构。据此，我国治理机制的目标模式应是多种机制并列存在的复合体，我们用 G、G_1、G_2、G_3 分别表示治理总力量、政府治理力量、社会治理力量、消费者治理力量。企业消费者责任治理总力量是政府、社会和消费者三者治理力量的合力，并且大于三者力量的简单相加。则企业消费者责任治理的总力量可表示为：

$$G = \lambda_1 G_1 + \lambda_2 G_2 + \lambda_3 G_3, \quad \lambda_1、\lambda_2、\lambda_3 \geqslant 1 \qquad （8-1）$$

根据经济人原理，只有当治理总力量即对违约者的惩罚成本超过违约经营的预期收益时，治理才会取得成效。

目前，企业、政府和社会三方处于失衡状态：政府和社会有相当的主动性，对企业提出强烈的要求和期望，规定企业的法律义务和伦理责任，把社会责任压力传递给企业；承担社会责任压力和解决社会责任问题的直接主体是企业，它们是各方努力的着力点，但它们缺乏发言权，而且履行企业社会责任的热情不高。多方协调治理（耦合机制）的实质就是把企业社会责任问题视为整体性的社会问题，通过企业、政府和社会的三方势力的互动与合作，实现三方共赢与社会和谐。没有企业的积极履职，企业社会责任将成为空中楼阁；没有政府的监督指导，企业社会责任实现将缺乏有力的保证；没有社会参与，就不能创造舆论氛围和

---

① 全球治理委员会.我们的全球伙伴关系 [M]// 俞可平.治理与善治.北京：社会科学文献出版社，2000：5.

提供灵活多样的对话机制。单一视角与动态协同视角的比较①可以用图8-1来表示。

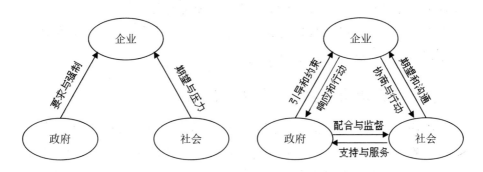

图8-1　单一治理与多元协同治理（耦合）机制

第三节　促进消费和谐的治理措施

一、建立重罚机制，增大违法成本

根据威廉姆斯的"机会主义人"假设，处于强势的企业会千方百计损害消费者利益，尤其是政府监管不力时，企业败德行为的收益将普遍高于合规经营的收益。而根据犯罪经济学原理，犯罪收益与犯罪成本的非对称性是导致经济犯罪的重要原因，减少经济犯罪的直接手段就是增加犯罪成本。因此，企业消费者责任的治理措施是重罚不履行消费者责任的企业及其行为，使损害消费者的利益的企业承担高成本和高风险。

过度激励与过轻惩罚并存是企业违法违规、不履行企业消费者责任的重要原因，易形成逆向选择和道德风险。我国消费者即使维权成功，赔偿金也很少，对企业根本起不到威慑作用。企业实施不道德行为的目的在于利润最大化，要想解决这一问题，则应以其人之道还治其人之身，使其利益上遭受重大损失。违规成本低、惩罚不力的制度环境必须改变。对此，应加大惩戒力度，仿照酒驾严惩，对损害消费者利益者，坚决采取重罚措施，如假冒伪劣处罚100倍、吊销营业执照、加大产品召回力

① 辛杰. 企业社会责任研究 [M]. 北京：经济科学出版社，2010：228.

度，使其元气大伤。提升检测技术，提高产品质量标准；加强溯源新技术，如运用食品安全云，将食品安全检测及溯源核心期数植入农产品流通环节。完善消费者立法，严惩不法企业损害消费者利益的行为，加大消费者保护力度，扩大监管覆盖面。除恶务尽，强制性、实质性依法打击损害消费者利益的企业及其行为。

二、提升消协地位，完善治理结构

稀缺性带来交易，交易必然带来利益博弈。消费者权益受到侵害，因自身势力弱小且维权成本高，消费者协会自然成为大多数消费者的求助对象。如果消协能够代表消费者集体维权，就会形成一股强大的社会力量，帮助消费者在信息和制度方面进行增权。

《中华人民共和国消费者权益保护法》第31条规定，消费者协会和其他消费者组织是依法成立的对商品和服务进行社会监督的保护消费者合法权益的社会团体。消协不是事业单位，不符合《中华人民共和国行政处罚法》的规定，不拥有执法权。目前消协没有资格接受委托代表消费者提起诉讼，只能提供咨询和法律服务，只能出面协调而无法裁决，这是一个根本缺陷。要尽快进一步修订《中华人民共和国消费者权益保护法》，明确消费者协会代表消费者权益和公益诉讼的主体完善中国公共利益诉讼制度，法律上赋予消协公益（集体）诉讼权，使消协可以直接参与相关诉讼，从制度上实现对消费者权益的最大保护。政府提供经费，人员编制参照公务员管理，保证消协工作的独立性，提高消协的技术力量，成立消协消费者维权执法大队，使其拥有行政执法权。

要优化行业协会人员组成结构，使消协代表入驻行业协会（尤其是食品、房地产、医疗、教育、通信、交通等消费者投诉热点行业），完善外部监管，监督价格，提高产品质量标准等，满足消费者诉求。另外，消协代表常驻（发改委）听证会。完善公司治理，研究设立消费者独立董事制度，在企业内部设立企业社会责任委员会，花旗银行就是如此做的。

三、强化声誉机制，增强媒体的独立性

马克思最伟大之处是其批判精神。一个社会如果没有媒体批评，这个社会就不会进步。媒体有助于提升市场透明度和增强社会公平正义。媒体要为社会大众负责，形成以社会监督为抓手的信息披露制度和氛围，扩大监管覆盖面，定期发布违法企业黑名单。新闻媒体的舆论监督可以使企业成为一名合格的"企业公民"，而不是千方百计损害消费者利益。

媒体调查不法企业难度大、受阻严重的一个重要原因，是企业背后有势力。媒体需要独立自由的表达。媒体的独立性是指媒体能自己独立报道事实真相，广泛提供包括政府和企业活动在内的信息，不受行政等势力左右，通过舆论的声誉机制，充分发挥新闻媒体的监督功能。

中央级媒体如新华社、CCTV，因为其超越性地位和专业素质，在监督地方政府及企业不法行为时表现相对较好。在现代媒体发展很好的今天，企业的不当行为，通过媒体曝光可以在全世界传播，对消费者损害的资讯可以很快进入公众的认知结构。消费者会改变手中的货币"选票"投向，用退出的方式将那些不法企业和职业经理人淘汰出市场。因此，要强化声誉机制，加大媒体的独立性。

四、强化中央权威，打破利益集团

转型期的中国社会进入一个利益多元化的博弈阶段，参与政治是一种客观要求。如果管理不当，政治参与会形成"特殊利益集团"，甚至企业和各级地方政府的合谋会形成诸侯经济。最坏的结果是，面对有地方政府参与的"特殊利益集团"，中央政府有可能无能为力——中央权力被架空，地方官各霸一方，如同中华民国时期的军阀割据。邓小平指出："党中央、国务院没有权威，局势就控制不住"。[①] 现阶段中国阶层固化、利益集团固化，中国改革处于十字路口。改革进入深水区，只能前进不能后退。如果不能破除利益藩篱，如果不能把资本控制住，各种社会危机甚至政治危机会爆发。

中央权力的基础来自人民，人民政权的真正基础是广大人民群众，

① 邓小平. 邓小平文选（第三卷）[M]. 北京：人民出版社，1993: 16-17.

江山就是人民，人民就是江山。只要中央坚持以人民为中心，加强中央权力，中央政府才有权力和能力控制地方政府和资本。去地方（政府）考核 GDP 化，去地方首长 CEO 化，将食品安全等纳入地方政府绩效考核晋升中，加强巡视，强化渎职罪问责，使之成为服务型、法治型政府，这关系到中华民族的长期盛衰。

党中央的坚强领导是最根本的，要加强中央政府的权力纵向管理，提高对社会资源和社会力量的整合能力。强化中央权威，依法约束权力，严惩腐败，狠抓地方领导的违法乱纪的腐败行为，敢于"打老虎"。完善官员财产申报制度，加大审计力度，纪检、检察部门要"快速跟进"，同时要让中央媒体（新华社、CCTV 等）、门户网站（人民、新华、搜狐等）全方位跟踪监督。

五、推进社会信用体系建设，促进公平竞争

实行市场经济必须遵循价值规律，这样才能实现资源的优化配置。而价值规律配置资源、引导经济活动的作用主要是通过竞争机制来实现的，但是竞争并不会总是正常地发挥应有的作用。在现实市场经济竞争中，制假售假、虚假广告、行业垄断等不正当竞争屡禁不止，造成市场秩序紊乱，阻碍经济平稳健康发展。因此，要构建公平竞争制度，而社会信用体系建设显得特别必要。

社会信用制度的建立，要以良好道德为支撑、以清晰产权为基础、以法律武器为保障，必须加大宣传力度，强化企业家的商业道德和商业习惯；要完善社会信用信息的收集、整理、储存、分析、公开、监督制度，通过信用信息的激励约束，引导所有市场主体和个人守信，外化于行、内化于心，降低市场公平竞争制度实施成本；借助大数据技术，完善政府机关部门内部信用信息的公开、披露和共享使用制度；完善信用奖惩制度，形成诚信奖励、失信惩罚的机制，强化"黑名单"措施，引导企业合法、公平竞争；强化协会、商会等中介的引导与自律，将企业从被规制的对象转化为自愿接受多元规制的行为主体。

参考文献

[1] 马克思 . 资本论 [M]. 北京：人民出版社，1975.

[2] 中共中央马恩列斯著作编译局 . 马克思恩格斯选集 [M]. 北京：人民出版社，1972.

[3] 鲍尔斯 . 微观经济学：行为、制度和演化 [M]. 北京：中国人民大学出版社，2006.

[4] 威廉森 . 资本主义经济制度 [M]. 北京：商务印书馆，2004.

[5] 奥利弗·哈特 . 企业、合同与财务结构 [M]. 费方域，译 . 上海：格致出版社，2016.

[6] 马歇尔 . 经济学原理 [M]. 北京：商务印书馆，1965.

[7] 柯武刚，史漫飞 . 制度经济学——社会秩序与公共政策 [M]. 北京：商务印书馆，2000.

[8] 斯密 . 国民财富的性质和原因的研究 [M]. 北京：商务印书馆，1983.

[9] 斯密 . 道德情操论 [M]. 北京：商务印书馆，1997.

[10] 萨伊 . 政治经济学概论 [M]. 北京：商务印书馆，1982.

[11] 佩恩 . 公司道德——高绩效企业的基石 [M]. 杨涤，译 . 北京：机械工业出版社，2004.

[12] 范图尔德 . 动荡时代的企业责任：21 世纪面临的挑战 [M]. 北京：中国经济出版社，2010.

[13] 所罗门 . 公司治理与问责制 [M]. 李维安，周健，译 . 大连：东北财经大学出版社，2006.

[14] 史普博 . 管制与市场 [M]. 余晖，何帆，钱家骏，等，译 . 上海：上海三联书店，2008.

[15] 威廉姆森，温特 . 企业的性质 [M]. 姚海鑫，邢源源，译 . 北京：商务印书馆，2007.

[16] 拉丰，马赫蒂摩 . 激励理论 [M]. 北京：中国人民大学出版社，2002.

[17] 青木昌彦. 比较制度分析 [M]. 周黎安，译. 上海：上海远东出版社，2001.

[18] 威勒. 利益相关者公司 [M]. 北京：经济管理出版社，2002.

[19] 森. 以自由看待发展 [M]. 任赜，于真，译. 北京：中国人民大学出版社，2002.

[20] 博尔顿. 合同理论 [M]. 费方域，译. 上海：格致出版社，2008.

[21] 奥尔森. 集体行动的逻辑 [M]. 上海：上海人民出版社，2006.

[22] 雷丁. 华人的资本主义精神 [M]. 上海：格致出版社，2009.

[23] 尼古拉斯·亨利. 公共行政与公共事务（第八版）[M]. 张昕，译. 北京：中国人民大学出版社，2002.

[24] 科斯. 企业、市场与法律 [M]. 盛洪，陈郁，译. 上海：格致出版社，2009.

[25] 贝克尔. 人类行为的经济分析 [M]. 王业宇，陈琪，译. 上海：上海人民出版社，1995.

[26] 沃尔夫. 市场还是政府：不完善的可选事物间的抉择 [M]. 重庆：重庆出版社，2007.

[27] 布朗，杰克逊. 公共部门经济学（第四版）[M]. 北京：中国人民大学出版社，2000.

[28] 巴泽尔. 产权的经济分析 [M]. 上海：上海人民出版社，1997.

[29] 威廉姆森. 企业的性质：起源、演变和发展 [M]. 姚海鑫，邢源源，译. 北京：商务印书馆，2007.

[30] 罗尔斯. 正义论 [M]. 北京：中国社会科学出版社，2001.

[31] 德鲁克. 管理：任务、责任、实践 [M]. 孙耀君，译. 北京：中国社会科学出版社，1987.

[32] 平狄克，鲁宾费尔德. 微观经济学（第六版）[M]. 北京：清华大学出版社，2005.

[33] 森. 伦理学与经济学 [M]. 北京：商务印书馆，2000.

[34] 阿蒂亚. 合同法概论 [M]. 北京：法律出版社，1982.

[35] 布坎南. 自由、市场与国家——80年代的政治经济学 [M]. 上海：生活·读书·新知三联书店，1989.

[36] 卡斯特.网络社会的崛起 [M].夏铸九,译.北京:社会科学文献出版社,2000.

[37] 罗斯巴德.权力与市场 [M].刘云鹏,戴忠玉,李卫公,译.北京:新星出版社,2007.

[38] 斯蒂格利茨.信息经济学:应用 [M].纪沫,陈佳,刘海燕,译.北京:中国金融出版社,2009.

[39] 哈贝马斯.公共领域的结构转型 [M].曹卫东,译.上海:学林出版社,1999.

[40] 平狄克.微观经济学 [M].北京:清华大学出版社,2008.

[41] 韦伯.儒教与道教 [M].北京:商务印书馆,1995.

[42] 查卡姆.公司常青:英美法日德公司治理的比较 [M].北京:中国人民大学出版社,2006.

[43] 青木昌彦.企业的合作博弈理论 [M].北京:中国人民大学出版社,2005.

[44] 施蒂格勒.产业组织和政府管制 [M].潘振民,译.上海:上海人民出版社,1996.

[45] 布莱尔.所有权与控制:面向 21 世纪的公司治理探索 [M].北京:中国社会科学出版社,1999.

[46] 斯蒂格利茨.政府在市场经济中的角色:政府为什么干预经济 [M].北京:中国物资出版社,1998.

[47] 斯蒂格利茨,武锡申,曹荣湘.正式和非正式的制度 [J].经济社会体制比较,2003(1):73-78.

[48] 植草益.微观规制经济学 [M].朱绍文,胡欣欣,译.北京:中国发展出版社,1992.

[49] 奥斯特罗姆.公共事务的治理之道 [M].上海:上海三联书院,2000.

[50] 洛克.政府论 [M].瞿菊农,叶启芳,译.北京:商务印书馆,1982.

[51] 韦伯.新教伦理与资本主义精神 [M].成都:四川人民出版社,1985.

[52] 滋贺秀三.中国法文化的考察——以诉讼的形态为素材 [J].比较法研究,1988(3):18-26.

[53] 康芒斯.制度经济学 [M].北京:商务印书馆,1962.

[54] 科斯.制度、契约与组织 [M].北京：经济科学出版社，2003.

[55] 斯威德伯格.经济学与社会学 [M].安佳，译.北京：商务印书馆，2003.

[56] 高哈特.企业蜕变 [M].宋伟航，张玉利，译.北京：中国人民大学出版社，2006.

[57] 罗姆利.经济利益与经济制度——公共政策的理论基础 [M].上海：上海人民出版社，2006.

[58] 斯蒂格利茨.政府为什么干预经济 [M].郑秉文，译.北京：中国物资出版社，1998.

[59] 林毅夫，蔡昉，李周.中国的奇迹：发展战略与经济改革 [M].上海：格致出版社，1999.

[60] 林毅夫.再论制度、技术与中国农业发展 [M].北京：北京大学出版社，2000.

[61] 陈钊.信息与激励经济学 [M].上海：上海人民出版社，2005.

[62] 沈维涛.企业社会责任与公司治理 [M].北京：中国财政经济出版社，2005.

[63] 铃木深雪.消费生活论——消费者政策 [M].田桓，译.北京：中国社会科学出版社，2004.

[64] 王志峰.城市治理的经济学分析 [M].北京：北京大学出版社，2010.

[65] 陶莉.伦理经济论 [M].成都：四川大学出版社，2003.

[66] 姜磊.声誉、法制与银行道德风险治理 [M].北京：经济科学出版社，2008.

[67] 任荣明，朱晓明.企业社会责任多视角透视 [M].北京：北京大学出版社，2009.

[68] 陆晓禾.中国经济发展中的自由与责任：政府、企业与公民社会 [M].上海：上海社会科学出版社，2007.

[69] 张樱.信任、契约及其规制 [M].北京：经济管理出版社，2004.

[70] 王成栋.政府责任论 [M].北京：中国政法大学出版社，1999.

[71] 厉以宁.超越市场与超越政府——论道德力量在经济中的作用 [M].北京：经济科学出版社，1999.

[72] 张维迎.产权、政府与信誉 [M].北京：生活·读书·新知三联书店，2001.

[73] 汪翔，钱南.公共选择理论导论 [M].上海：上海人民出版社，1993.

[74] 余永定，张宇燕，郑秉文.西方经济学（第三版）[M].北京：经济科学出版社，2002.

[75] 张为华.美国消费者保护法 [M].北京：中国法制出版社，2000.

[76] 李维安.公司治理学 [M].北京：高等教育出版社，2005.

[77] 徐晓明，陈啸.企业需求、企业能力与企业社会责任的匹配探讨——一种新的企业履行社会责任的理论分析框架 [J].上海管理科学，2006（6）：78-81.

[78] 戎素云.消费者权益保护运动的制度分析 [M].北京：中国社会科学出版社，2008.

[79] 汤敏，茅于轼.现代经济学前沿专题 [M].北京：商务印书馆，1993.

[80] 茅于轼.中国人的道德前景 [M].广州：暨南大学出版社，1997.

[81] 樊丽明，李齐云，陈东.政府经济学 [M].北京：经济科学出版社，2008.

[82] 徐士英.产品召回制度：中国消费者的福音（经济法文库）[M].北京：北京大学出版社，2008.

[83] 沈洪涛，沈艺峰.公司社会责任思想起源与演变 [M].上海：上海人民出版社，2007.

[84] 程恩富.现代政治经济学创新 [M].上海：上海人民出版社，2007.

[85] 俞可平，李慎明，王伟光.马克思主义视域中的和谐社会建设 [M].重庆：重庆出版社，2007.

[86] 彭澎.政府角色论 [M].北京：中国社会科学出版社，2002.

[87] 王志乐.软竞争力——跨国公司的公司责任理念 [M].北京：中国经济出版社，2005.

[88] 洪远朋.社会利益关系演进论：我国社会利益关系发展变化的轨迹 [M].上海：复旦大学出版社，2006.

[89] 费方域.企业的产权分析 [M].上海：上海三联书店，2006.

[90] 毛蕴诗.公司经济学前沿专题 [M].大连：东北财经大学出版社，2007.

[91] 于东智 . 公司治理 [M]. 北京：中国人民大学出版社，2005.

[92] 陈赤平 . 公司治理的契约分析：基于企业合作效率的研究 [M]. 北京：中国经济出版社，2006.

[93] 叶陈刚 . 公司治理层面的伦理结构与机制研究 [M]. 北京：高等教育出版社，2006.

[94] 陈建波 . 公司治理、激励与控制 [M]. 北京：中国社会科学出版社，2006.

[95] 陈信元，朱红军 . 转型经济中的公司治理——基于中国上市公司的案例 [M]. 北京：清华大学出版社，2007.

[96] 林曦 . 企业利益相关者管理：从个体、关系到网络 [M]. 大连：东北财经大学出版社，2010.

[97] 卢代富 . 企业社会责任经济学与法学分析 [M]. 北京：法律出版社，2002.

[98] 高程德 . 现代公司理论 [M]. 北京：北京大学出版社，2000.

[99] 何秉孟 . 产权理论与国企改革：兼评科斯产权理论 [M]. 北京：社会科学文献出版社，2005.

[100] 杨瑞龙，周业安 . 企业的利益相关者理论及其应用 [M]. 北京：经济科学出版社，2000.

[101] 卢现祥 . 西方新制度经济学（第 2 版）[M]. 北京：北京大学出版社，2003.

[102] 周祖城 . 企业伦理学 [M]. 北京：清华大学出版社，2005.

[103] 刘汉民 . 企业理论、公司治理与制度分析 [M]. 上海：上海人民出版社，2007.

[104] 姚洋 . 经济学（季刊）[M]. 北京：北京大学出版社，2007.

[105] 经济合作与发展组织 . 公司治理：对 OECD 各国的调查 [M]. 张政军，付畅，译 . 北京：中国财政经济出版社，2006.

[106] 陈凌，曹正汉 . 制度与能力：中国民营企业 20 年成长的解析 [M]. 上海：上海人民出版社，2007.

[107] 韦伟，周耀东 . 现代企业理论和产业组织理论 [M]. 北京：人民出版社，2003.

[108] 余治国. 中国民营企业批判 [M]. 北京：当代中国出版社，2005.

[109] 吴晓波. 大败局 I[M]. 杭州：浙江大学出版社，2013.

[110] 彭海斌. 公平竞争制度选择 [M]. 北京：商务印书馆，2006.

[111] 楼建波. 企业社会责任专论 [M]. 北京：北京大学出版社，2009.

[112] 谢识予. 经济博弈论（第 2 版）[M]. 上海：复旦大学出版社，2002.

[113] 刘小玄. 中国转轨过程中的产权与市场：关于市场，产权，行为和绩效的分析 [M]. 上海：上海三联书店，2003.

[114] 杨波. 产权理论与实务：兼论我国企业产权改革 [M]. 北京：知识产权出版社，2007.

[115] 王俊豪. 管制经济学原理 [M]. 北京：高等教育出版社，2007.

[116] 李强. 当代中国社会分层与流动 [M]. 北京：中国经济出版社，1993.

[117] 韦森. 经济理论与市场秩序：探寻良序市场经济运行的道德基础、文化环境与制度条件 [M]. 上海：格致出版社，2009.

[118] 黄云明. 经济伦理问题研究 [M]. 北京：中国社会科学出版社，2009.

[119] 夏绪梅. 企业伦理学：转型经济条件下的企业伦理问题研究 [M]. 北京：科学出版社，2008.

[120] 黄少安. 制度经济学研究 [M]. 北京：经济科学出版社，2010.

[121] 马云泽. 规制经济学 [M]. 北京：经济管理出版社，2008.

[122] 刘小兵. 政府管制的经济分析 [M]. 上海：上海财经大学出版社，2004.

[123] 袁持平. 政府管制的经济分析 [M]. 北京：人民出版社，2005.

[124] 杨公朴. 产业经济学 [M]. 上海：复旦大学出版社，2005.

[125] 李忠民. 西部商学评论 [M]. 北京：经济科学出版社，2008.

[126] 应飞虎. 信息、权利与交易安全：消费者保护研究 [M]. 北京：北京大学出版社，2008.

[127] 陈其林. 经济学论文选集 [M]. 厦门：厦门大学出版社，2006.

[128] 张谊浩. 当代西方主流经济学批判：认知心理学视角 [M]. 南京：南京大学出版社，2009.

[129] 李青. 自然垄断行业管制改革比较研究 [M]. 北京：经济管理出版社，2010.

[130] 钱颖一.现代经济学与中国经济改革 [M].北京：中国人民大学出版社，2003.

[131] 赵东荣，乔均.政府与企业关系研究 [M].成都：西南财经大学出版社，2000.

[132] 陶友之.企业利益论 [M].上海：复旦大学出版社，2009.

[133] 聂辉华.声誉、契约与组织 [M].北京：中国人民大学出版社，2009.

[134] 袁礼斌.市场秩序论 [M].北京：经济科学出版社，1999.

[135] 姜彩芬.消费经济学 [M].北京：中国经济出版社，2009.

[136] 卢洪友.政府职能与财政体制研究 [M].北京：中国财政经济出版社，1999.

[137] 梁小民.写给企业家的经济学 [M].北京：中信出版社，2006.

[138] 王毅武.市场经济学：中国市场经济引论 [M].北京：清华大学出版社，2009.

[139] 陈瑜.消费资本化理论与应用 [M].南宁：广西科学技术出版社，2006.

[140] 张维迎.博弈论与信息经济学 [M].上海：上海人民出版社，2004.

[141] 朱方明.企业经济学 [M].北京：经济科学出版社，2009.

[142] 曹荣湘.走出囚徒困境：社会资本与制度分析 [M].上海：三联书店，2003.

[143] 辛杰.企业社会责任研究 [M].北京：经济科学出版社，2010.

[144] 叶陈刚.公司伦理与企业文化 [M].上海：复旦大学出版社，2007.

[145] 黎友焕.SA8000与中国企业社会责任建设 [M].北京：中国经济出版社，2004.

[146] 程民选.信誉与产权制度 [M].成都：西南财经大学出版社，2006.

[147] 蔡洪斌.社会责任、价值共享与治理之道 [M].北京：北京大学出版社，2013.

[148] 罗海山.传统中国的契约：法律与社会 [D].长春：吉林大学，2005.

[149] 章延杰.论政府信用 [D].上海：复旦大学，2005.

[150] 刘长喜.利益相关者、社会契约与企业社会责任 [D].上海：复旦大学，2005.

[151] 范南 . 信用理论、制度与实践证明问题研究 [D]. 大连：东北财经大学，2004.

[152] 李玉琴 . 经济诚信论 [D]. 南京：南京师范大学，2004.

[153] 夏绪梅 . 转型经济条件下的企业伦理问题研究 [D]. 西安：西北大学，2006.

[154] 陈业玮 . 情感依恋对企业社会责任和消费者忠诚意向的影响机制研究 [D]. 杭州：浙江工商大学，2010.

[155] 王丽颖 . 重复博弈：信用合作的逻辑路径选择 [D]. 长春：吉林大学，2005.

[156] 赵丰年 . 企业社会责任的宏观经济动因与促进策略研究 [D]. 北京：北京邮电大学，2008.

[157] 杨天和 . 基于农户生产行为的农产品质量安全问题的实证研究 [D]. 南京：南京农业大学，2006.

[158] 陈富良 . 政府规制的均衡分析 [D]. 南昌：江西财经大学，2002.

[159] 卢涛 . 企业社会责任的经济学分析 [D]. 重庆：重庆大学，2006.

[160] 杨春方 . 我国企业社会责任驱动机制研究 [D]. 武汉：华中科技大学，2009.

[161] 李士梅 . 信誉的经济学分析 [D]. 长春：吉林大学，2005.

[162] 曹休宁 . 企业信誉问题研究 [D]. 武汉：华中科技大学，2004.

[163] 谭琼 . 湖南省消费者委员会保护消费者权益问题研究 [D]. 长沙：湖南大学，2010.

[164] 谢海 . 欧盟消费者保护政策研究 [D]. 成都：四川大学，2007.

[165] 崔乐 . 利益相关者视角下的企业社会责任分析 [D]. 大连：东北财经大学，2007.

[166] 吴琼 . 基于博弈分析的食品安全规制研究 [D]. 苏州：苏州大学，2010.

[167] 严海波 . 交易、制度与信用——兼论我国转型期信用缺失的原因与治理 [D]. 成都：西南财经大学，2006.

[168] 黎友焕 . 企业社会责任研究 [D]. 西安：西北大学，2007.

[169] 张衔，谭克诚．企业社会责任研究新探 [J]．中国流通经济，2011（1）：63-67．

[170] 张衔．马克思对"斯密教条"的批评及其现实意义 [J]．教学与研究，2004，2（2）：12-19．

[171] 张衔，肖斌．企业社会责任的依据和维度 [J]．四川大学学报：哲学社会科学版，2010（2）：85-90．

[172] 冯扬，周呈奇．市场秩序与政府干预——哈耶克的解读及其对新古典的批判 [J]．南开经济研究，2005（5）：7-13．

[173] 冯扬．亦论经济人与社会秩序——古典经济学的探微与新古典经济学的省思 [J]．现代财经：天津财经大学学报，2009（11）：7-12．

[174] 张翼，马光．法律、公司治理与公司丑闻 [J]．管理世界，2005（10）：113-122．

[175] 杜兰英，杨春方，吴水兰，等．中国企业社会责任博弈分析 [J]．当代经济科学，2007（1）：95-98．

[176] 贺立龙，陈中伟，张杰．环境污染中的合谋与监管：一个博弈分析 [J]．青海社会科学，2009（1）：33-38．

[177] 朱方明，贺立龙．惩戒制度与经济秩序 [J]．社会科学研究，2007（3）：47-52．

[178] 陈志俊．不完全契约理论述评 [J]．经济学动态，2000（12）：47-52．

[179] 惠宁，霍丽．企业社会责任的构建 [J]．改革，2005（5）：88-93．

[180] 黄晓鹏．演化经济学视角下的企业社会责任政策——兼谈企业社会责任的演化 [J]．经济评论，2007（4）：129-137．

[181] 程蕾，花明．实现企业社会责任：政府干预的正当性及其边界——基于宁波市政府的实践 [J]．理论导报，2009（2）：50-52．

[182] 杨瑞龙，聂辉华．不完全契约理论：一个综述 [J]．经济研究，2006（2）：104-115．

[183] 俞可平．中国公民社会：概念、分类与制度环境 [J]．中国社会科学，2006（1）：109-122．

[184] 陈潭，刘兴云．锦标赛体制、晋升博弈与地方剧场政治 [J]．公共管理学报，2011（2）：21-33．

[185] 张维迎.所有制、治理结构及委托—代理关系——兼评崔之元和周其仁的一些观点 [J].经济研究，1996（9）：3-15.

[186] 周延风，罗文恩，肖文建.企业社会责任行为与消费者的响应——消费者个人特征和价格信号的调节 [J].中国工业经济，2007（3）：62-69.

[187] 肖巍.企业的社会责任与道德约束——从社会责任标准（SA8000）说起 [J].道德与文明，2005（5）：38-42.

[188] 张成福.责任政府论 [J].中国人民大学学报，2000，14（2）：75-82.

[189] 鞠芳辉，谢子远，宝贡敏.企业社会责任的实现——基于消费者选择的分析 [J].中国工业经济，2005（9）：91-98.

[190] 卢代富.国外企业社会责任界说述评 [J].现代法学，2001（3）：137-144.

[191] 陈宏辉，贾生华.企业利益相关者三维分类的实证分析 [J].经济研究，2004（4）：80-90.

[192] 周祖城，张漪杰.企业社会责任相对水平与消费者购买意向关系的实证研究 [J].中国工业经济，2007（9）：111-118.

[193] 刘凤军，杨崴，李敬强，等.中外企业社会责任研究综述 [J].经济研究参考，2009（12）：37-41.

[194] 李淑英.社会契约论视野中的企业社会责任 [J].中国人民大学学报，2007（2）：51-55.

[195] 周冰.企业性质问题探析 [J].南开学报（哲学社会科学版），1995（2）：74-80.

[196] 夏绪梅.民营企业经济行为选择中的伦理取向——基于"斯密难题"的理性分析 [J].西安财经学院学报 2008（1）：86-88.

[197] 张敏，黄继承.政治关联、多元化与企业风险——来自我国证券市场的经验证据 [J].管理世界，2009（7）：156-164.

[198] 王志兴，李铁治.顾客满意理论综述 [J].商场现代化，2009（23）：37-39.

[199] 黄少安，宫明波.共同治理理论评析 [J].经济学动态，2002（4）：78-81.

[200] 姚伟，黄卓，郭磊．公司治理理论前沿综述 [J]．经济研究，2003（5）：83-94.

[201] 郑红亮．公司治理理论与中国国有企业改革 [J]．经济研究，1998（10）：20-27.

[202] 周鹏，张宏志．利益相关者间的谈判与企业治理结构 [J]．经济研究，2002（6）：55-62，95.

[203] 祖良荣．欧洲公司治理体制与企业社会责任重组 [J]．产业经济研究，2004（5）：13-19.

[204] 杨瑞龙，周业安．论利益相关者合作逻辑下的企业共同治理机制 [J]．中国工业经济，1998（1）：38-45.

[205] 连漪，李涛，岳雯．企业社会责任与消费者行为意向 [J]．商业研究，2011（2）：13-17.

[206] 王德胜，辛杰．和谐视角下基于利益相关者的企业社会责任研究 [J]．科学与管理，2010，30（2）：54-59.

[207] 赵辉，李文川．我国民营企业社会责任的层次性研究 [J]．经济纵横，2007（5X）：75-78.

[208] 夏绪梅，褚诚德．银行经济行为选择中的伦理取向——基于"斯密难题"的理性分析 [J]．西安财经学院学报，2008，21（1）：86-88.

[209] 田田，李传峰．论利益相关者理论在企业社会责任研究中的作用 [J]．江淮论坛，2005（1）：17-23.

[210] 陈志昂，陆伟．企业社会责任三角模型 [J]．经济与管理，2003（11）：60-61.

[211] 赵琼．国外企业社会责任理论述评——企业与社会的关系视角 [J]．广东社会科学，2007（4）：172-177.

[212] 董谛．企业社会责任：消费者视角 [J]．知识经济，2009（6X）：7-8.

[213] 肖．马克思主义、商业道德和企业的社会责任 [J]．社会科学研究，2008（2）：138-143.

[214] 周晓红．各国消费者保护政策比较 [J]．中国防伪报道，2010（3）：32-38.

[215] 杨玲丽．企业社会责任理论述评 [J]．兰州学刊，2007（2）：105-108.

[216] 周延风, 肖文建, 黄光. 基于消费者视角的企业社会责任研究述评 [J]. 消费经济, 2007 (4): 94-96.

[217] 佐藤孝弘. 社会责任对德国公司治理的影响 [J]. 德国研究, 2008 (4): 43-46.

[218] 黎友焕, 龚成威. 国内企业社会责任理论研究新进展 [J]. 西安电子科技大学学报 (社会科学版), 2009, 19 (1): 1-15.

[219] 田国强. 现代经济学的基本分析框架与研究方法 [J]. 经济研究, 2005 (2): 113-125.

[220] 夏绪梅, 韦苇. 企业伦理经营的理论诠释 [J]. 商业时代, 2005 (24): 42-44.

[221] 陈迅, 卢涛, 胡姝娟. 基于管理者偏好模型的企业社会责任演变分析 [J]. 科技管理研究, 2006 (11): 224-226.

[222] 王新新, 杨德峰. 企业社会责任研究——CSR、CSR2、CSP[J]. 工业技术经济, 2007 (4): 16-20.

[223] 夏健明, 杨德峰. 企业社会责任与企业竞争力 [J]. 郑州航空工业管理学院学报, 2007, 25 (3): 71-74.

[224] 黄世贤. 企业社会责任的经济学思考 [J]. 江西社会科学, 2006 (6): 135-140.

[225] 黎友焕, 张洪书. 论国际企业社会责任运动与广东企业家精神建设 [J]. 西安电子科技大学学报 (社会科学版), 2007, 17 (5): 139-146.

[226] 岳颂. 略论企业社会责任与企业营销战略的关系 [J]. 管理科学文摘, 2007 (5): 54-55.

[227] 杨家栋. 当代儒商社会责任的经济学解读 [J]. 扬州大学学报 (人文社会科学版), 2008 (4): 25-30.

[228] 辛杰. 消费者视角下的企业社会责任研究综述 [J]. 发展研究, 2010 (11): 78-81.

[229] 陈波, 洪远朋, 卢晓云. 和谐利益论 [J]. 社会科学研究, 2010 (4): 19-26.

[230] 鲁茉莉. 德国公司治理改革的成效与问题 [J]. 产业经济研究, 2011 (1): 80-85.

[231] 陈仕江，蔡碧蓉.消费市场上的信息不对称与政府规制 [J].消费经济，2005（4）：55-58.

[232] 黄新华.放松规制与激励规制——新规制经济学的理论主题述评 [J].云南民族大学学报（哲学社会科学版），2004（5）：46-51.

[233] 余东华.激励性规制的理论与实践述评——西方规制经济学的最新进展 [J].外国经济与管理，2003，25（7）：44-48.

[234] 黄群慧，李春琦.报酬、声誉与经营者长期化行为的激励 [J].中国工业经济，2001（1）：58-63.

[235] 戎素云."入世"与我国消费者权益保护制度的完善 [J].河北经贸大学学报（综合版），2003（3）：26-30.

[236] 高山.企业经营者声誉激励效应研究 [J].云南财经大学学报，2007（6）：59-63.

[237] 李玉虎.消费者增权理论与我国消费者权益保护法的完善 [J].财贸研究，2008（4）：132-136.

[238] 卫建国，殷亚婕，陈超.退出、呼吁机制与公司治理 [J].经济体制改革，2006（3）：52-55.

[239] 唐勇，栾天虹.制度环境、退出呼吁机制与有效公司治理模式 [J].财贸研究，2003（5）：81-85.

[240] 张传洲.家族企业退出与呼吁机制的研究 [J].企业经济，2007（9）：12-14.

[241] 王微.消费者保护制度的国际经验与制度借鉴 [J].中国发展观察，2004（12）：12-14.

[242] 戎素云.我国食品安全复合治理机制及其完善 [J].财贸经济，2006（5）：82-84.

[243] 李想，石磊.行业信任危机的一个经济学解释：以食品安全为例 [J].经济研究，2014（1）：169-181.

[244] 邢会强.处理金融消费纠纷的新思路 [J].现代法学，2009（5）：48-58.

[245] 应飞虎.论经济法视野中的弱势群体——以消费者等为对象的考察 [J].

南京大学学报（哲学、人文科学、社会科学），2007，44（3）：67-74.

[246] 赵建梅. 国外企业社会责任研究回顾与评价 [J]. 企业管理，2011（4）：67-68.

[247] 谢康，肖静华，刘亚平，等. 社会威慑信号与价值重构——食品安全社会共治的制度分析 [J]. 经济学动态，2015（10）：4-16.

[248] 汪侠，安平，尹力俭. 产官研共鉴消费资本化 [J]. 新远见，2005（7）：48-59.

[249] 李建升. 企业文化与企业绩效关联机制研究：企业社会责任视角 [D]. 杭州：浙江大学，2008.

[250] 汪美辰. 上市银行社会责任绩效影响因素研究 [D]. 长沙：湖南大学，2013.

[251] 李伟阳，肖红军. 基于社会资源优化配置视角的企业社会责任研究——兼对新古典经济学企业社会责任观的批判 [J]. 中国工业经济，2009（4）：116-126.

[252] 林光彬. 重新理解市场与政府在资源配置中的作用——市场与政府到底是什么关 [J]. 教学与研究，2017（3）：12-21.

[253] 赵阳，陈佩. 中国式责任：CSR 与志愿失灵的全新概念——基于苏州园区样本 [J]. 农村经济与科技，2021，32（5）：192-193.

[254] 邓汉慧. 企业核心利益相关者利益要求与利益取向研究 [D]. 武汉：华中科技大学，2005.

[255] 刘成玉，胡方燕. 消费者责任研究成果评述 [J]. 重庆社会科学，2009（2）：67-71.

[256] 罗兵. 权利与人的发展 [D]. 北京：中共中央党校，2017.

[257] 聂嘉琪. 数字资本主义时代数字劳动的本质探析 [J]. 中共南京市委党校学报，2022（1）：60-68.

[258] 张恺，孙培军. 共同富裕是中国式现代化的鲜明特征 [J]. 湖北行政学院学报，2022（2）：13-19.

[259] 宫敬才. 论马克思经济哲学的定义、研究对象和研究方法 [J]. 马克思主义与现实，2021（4）：55-63.

[260] 杨虹，靳帅帅.马克思资本权力批判思想 [J].广西社会科学，2021（9）：97-102.

[261] 阳旸，刘姝雯.资本逻辑的现代审视与道德批判 [J].伦理学研究，2021（6）：122-126.

[262] 杨洪建，颜士敏.转基因水稻改良特征与推广前景的思考 [J].北方水稻，2013，43（4）：1-5.

[263] 朱木斌，孔陆泉."劳动决定价值"不是劳动异化的结果 [J].政治经济学研究，2021（2）：140-149.

[264] 刘益.信用、契约与文明 [D].成都：西南财经大学，2007.

[265] 戎素云，郭广辉.食品安全事件的经济学解读及其制度改进启示——对"草莓农药残留超标"事件的分析 [J].河北经贸大学学报（双月刊），2017（1）：79-84.

[266] 谢志平.在交易成本不为零条件下的一般均衡分析 [D].济南：山东大学，2005.

[267] 曹建军.瓦尔拉斯的一般均衡价格论 [J].中国物价，1992（9）：54-55.

[268] 季书涵.产业集聚对资源错配的改善效果研究 [D].南京：南京理工大学，2018.

[269] 马宁.多维度行业差异化碳税政策的设计和优化研究 [D].武汉：中国地质大学，2020.

[270] 李晓静.中国式分权对地方政府土地出让行为的影响研究 [D].上海：上海师范大学，2018.

[271] 王超.企业社会责任正当性及其限度 [D].天津：天津商业大学，2007.

[272] 李嘉宁.企业社会责任 [D].上海：华东政法大学，2009.

[273] 朱军.企业社会责任与经营绩效的关系研究 [D].长沙：长沙理工大学，2010.

[274] 沈梅琼.伦理学视阈下企业社会责任研究 [D].沈阳：东北大学，2011.

[275] 邢宇杰.医药制造企业社会责任的评价及其对企业绩效的影响研究 [D].重庆：重庆工商大学，2014.

[276] 张亚平. 我国上市公司社会责任会计信息市场有效性实证研究 [D]. 广州：广东工业大学，2011.

[277] 章辉美，李绍元. 中国企业社会责任的理论与实践 [J]. 北京师范大学学报：社会科学版，2009（5）：94-102.

[278] 刘法秋. 企业社会责任会计信息价值相关性研究 [D]. 长沙：湖南大学，2008.

[279] 崔乐. 利益相关者视角下的企业社会责任分析 [D]. 大连：东北财经大学，2007.

[280] 刘易. 化工企业责任关怀对企业绩效影响的实证研究 [D]. 长沙：湖南大学，2009.

[281] 吴丹妮，于溪洋. 企业社会责任、媒体关注与企业绩效 [J]. 合作经济与科技，2022（3）：130-133.

[282] 陈莞，阮荣彬. 媒体关注视域下企业社会责任对企业价值影响——基于创业板上市企业的经验数据 [J]. 技术经济与管理研究，2022（4）：46-51.

[283] 刘素英. 中国政府规制研究 [D]. 上海：华东师范大学，2011.

[284] 张雨莹. 政府规制的理论解读 [J]. 理论界，2007（4）：156-157.

[285] 刘志成，臧跃茹. 构建现代市场监管体系：现实基础、改革方向与推进思路 [J]. 宏观经济研究，2021（8）：5-16，27.

[286] 杨成果，陈垚. 新冠疫情背景下欧洲共产党的政策主张 [J]. 政治经济学研究，2021（4）：124-125.

[287] 吴建斌，谷志红. 5G 时代电力杆塔资源共享定价方法研究 [J]. 企业管理，2020（S02）：54-55.

[288] 杨柳. 法律、管制与声誉约束 [D]. 上海：复旦大学，2007.

[289] 王慧. 环保事权央地分权的法治优化 [J]. 中国政法大学学报，2021（5）：24.

[290] 曹休宁. 企业信誉问题研究 [D]. 武汉：华中科技大学，2004.

[291] 魏建国，詹胜，鲜于丹. 基于声誉模型的征信制度设计 [J]. 武汉理工大学学报：信息与管理工程版，2010（6）：978-980，1006.

[292] 鲜于丹.中国征信体系建设的制度安排研究[D].武汉：武汉理工大学，2008.

[293] 李柏洲.企业发展动力研究[D].哈尔滨：哈尔滨工程大学，2003.

[294] 阮茂荣.企业信誉问题研究[D].北京：中共中央党校，2006.

[295] 陈爽英.企业经理组合激励模式研究[D].重庆：重庆大学，2006.

[296] 李云飞.风险投资项目经理选聘与激励机制研究[D].长春：吉林大学，2004.

[297] 张嫘.建立国有企业经营者行为声誉激励机制[J].辽宁经济，2001（8）：23.

[298] 徐鸿.企业信誉研究[D].西安：西北大学，2002.

[299] 刘辉煌，李峰峰.基于诚信的企业家声誉机制问题探析[J].消费经济，2004，20（2）：7-9.

[300] 任丛丛.美国消费者联盟与我国消费者协会之比较[J].山东省农业管理干部学院学报，2011（2）：56-57.

[301] 李卉蓉.中国电视购物行业定位及管理研究[D].上海：复旦大学，2009.

[302] 陈行甲.在峡江的转弯处[M].北京：人民日报出版社，2021.

[303] 卢玉平，金铭，段晓军，等.加强事中事后监管问题研究[J].中国市场监管研究，2018（2）：60-65.

[304] 戎素云.食品安全供给绩效恢复机制及其作用——基于政府角度[J].企业导报，2012（7）：86-87.

[305] 陈国富.国家与产权：一个悖论？[J].南开学报（哲学社会科学版），2004（6）：76-84.

[306] 梁运吉.企业内部控制标准的实施研究[D].哈尔滨：东北林业大学，2008.

[307] 覃琼霞.政府行为在实施农业标准化中的作用——一个最优税率及标准化实施程度的均衡模型[J].制度经济学研究，2005（1）：44-58.

[308] 黄晓鹏.演化经济学视角下的企业社会责任政策——兼谈企业社会责任的演化[J].经济评论，2007（4）：129-137.

[309] 冯涛，李英东. 国家、市场、产权关系重构与经济增长——基于中国近现代经济史的新解释 [J]. 陕西师范大学学报（哲学社会科学版），2009，38（2）：86-97.

[310] 田世远，凌杨湄. "三治"融合协同治理实现机制及成效研究——基于广东省 4 地 11 村的调查 [J]. 农村经济与科技，2022（1）：247-252.

[311] 曾凯. 新经济史视角下的社会结构变革、制度变迁与长期经济增长——以英国为例 [J]. 华中师范大学学报：人文社会科学版，2011（S3）：15-19.

[312] 洪银兴. 市场秩序的博弈论分析——兼论规范市场秩序的制度安排 [J]. 经济理论与经济管理，2004（6）：5-11.

[313] DIXIT A，OLSON M.Does voluntary participation undermine the coase theorem?[J].Journal of public economics, 2000, 76(3): 309-335.

[314] COASE R H. The nature of the firm: origin[J].Journal of law, economics, & organization, 1988, 4(1): 3-17.

[315] COASE R H.The problem of social cost, the firm, the market and the law[D].Chicago: Univerity of Chicago Press, 1998.

[316] NORTH D C.Institutions, institutional change and economic

[317] HART O. Financial contracting[J].NBER working papers, 2001, 39(4): 1079-1100.

[318] WILLIAMSON, OLIVER E.The mechanism of governance[D].New York: Oxford Univerity Press, 1996.

[319] SORIN, SYLVAIN. On repeated games with complete information[J]. Mathematics of operations research, 1986, 11(1): 147-160.

[320] MEDEMA S C.The hesitant hand: mill, sidgwick, and the evolution of the theory of market failure[J].History of political economy, 2007, 39(3): 393-400.

[321] WILLIAMSON, OLIVER E.Calculativeness, trust, and economic organization [J].Journal of law and economics, 1993(34): 453-500.

[322] SIMON H A.A behavioral model of rational choices[J].Quarterly journal of economic, 1955(69): 99–118.

[323] KREPS D M, WISON R.Reputation and imperfect information[J].Journal of economic theory, 1982(27): 253–279.

[324] HART O, MOORE J.Incomplete contracts and renegotiation[J].Working papers, 1985(56): 755.

[325] BAKER, GEORGE ,GIBBONS, et al. Bringing the market inside the firm?[J]. American economic review, 2001, 91(2): 212–218.

[326] ARROW K E.The limits of organization[M].New York: Norton, 1974.

[327] AKERLOF G A.The market for lemons: quality uncertainty and the market mechanism[J].Quarterly journal of economics, 1970, 84(3): 488–500.

[328] ANSOFF H I.Corporate strategy: an analytic approach to business policy for growth and expansion[M].New York: McGraw–Hill, 1965.

[329] BLOEMER J M M, BRIJS T, VANHOOF K, et al.Comparing complete and partial classification for identifying customers at risk[J].International journal of research in marketing, 2003, 20(2): 117–131.

附　录

附录一　1997—2022 年"3·15 晚会"

年　份	"3·15 晚会"的主题
1997	世纪的力量
1998	为了农村消费者
1999	在法治阳光下安全健康地消费
2000	我们共同的事业
2001	生命·安全
2002	共筑诚信 我们在行动
2003	净化消费环境，提升消费质量
2004	健康秩序 健康生活
2005	健康 维权
2006	我们的心愿
2007	责任 和谐
2008	3·15 的力量
2009	3·15 有你更有力量
2010	新规则、新动力
2011	护航新消费
2012	共筑消费 有你有我
2013	我的权益我做主
2014	让消费更有尊严
2015	消费在阳光下
2016	共筑消费新生态
2017	用责任汇聚诚信的力量
2018	共建秩序 共筑美好
2019	共治共享、放心消费
2020	凝聚力量、共筑美好
2021	提振消费、从心开始
2022	公平守正安心消费

附录二　帕纳巴事件

20 世纪 70 年代，美国最大的制药公司普强公司曾经销售一种叫"帕纳巴"① 的畅销药品，后来发现这种药品会对 20% 的患者造成不良反应，甚至威胁患者生命。对这种情况，普强公司早就已经知道，但是却迟迟不公布这一报告，因为一旦公布，"帕纳巴"就会被强令禁止销售，而该药品每多销售一个月，就会给公司带来 100 万美元的收益。普强公司召开董事会，不仅决定继续销售这种药品，而且还决定采取一切手段阻止美国食品和药物管理局（FDA）做出有关禁售该药品的决定。沃顿商学院的阿姆斯特朗（Armstrong）教授曾经对董事会的决策做过一个实验，当他向学生讲述这个案例之后，97% 的学生认为普强公司的做法不负责任，但是当学生扮演该公司董事的角色进行讨论决策的时候，79% 的成员都选择继续销售帕纳巴，同时尽全力采取法律、政治以及其他一切手段，阻止政府颁布禁令。这个试验后来在全球 10 个国家重复进行了 91 次，结果都惊人的相似。只要决策者是站在公司利润最大化的角度上，那么这个决策结果就不会改变。

"首先是对公众健康负责，还是对商业利益负责？"一百年来，围绕这个最根本的问题，FDA 有过深入的思考和大量的实践，也经历了种种挫折和打击。其间，商业利益和公众健康之间的矛盾斗争一刻也没有停息过。那么到底谁能保护公众健康？《保护公众健康：美国食品药品百年监管历程》的著作者直言不讳地告诉人们：别指望企业能自律！保护公众健康安全，要靠政府监管部门！也就是说，政府监管部门负有保护公众健康的天职。如果没有做到，就是不作为。

---

① 刘涛.和谐劳资关系研究 [D].成都：四川大学，2011.

致　谢

　　本书是在我的博士毕业论文的基础上修改而成。首先要衷心感谢我的博士生导师张衔教授！张老师是国务院政府特殊津贴专家，治学严谨、成果突出，在中国经济学界享有盛名。张老师是我在四川大学经济系攻读硕士期间就崇拜的偶像，是四川大学的名师、严师。我学业的进步倾注了张老师巨大的心血。张老师严谨的治学态度、渊博的知识、开阔的学术视野、一针见血的见解、敏锐的经济学思维方式、诲人不倦的师者精神和宽以待人的长者风范给我留下了十分深刻的印象，并深刻影响我以后的人生道路。张老师是我的博士生导师，更是我的人生恩师，终身铭记于心！

　　感谢四川大学经济学院的杜肯堂教授、杨继瑞教授、朱方明教授、李天德教授、蒋永穆教授等老师在我在四川大学经济学系学习期间给予的无私教诲。感谢审阅论文并提出宝贵意见的各位专家：中国人民大学林岗教授、清华大学孟捷教授、北京师范大学白暴力教授、南开大学张彤玉教授、西南财经大学赵磊教授等。

　　感谢和我结下真诚友谊、互帮互助的08级各位同窗：刘涛、贾玉玺、张秀丽、熊豪、常乃磊、万广军、黄贤福、杨小玲、刘熙、杨少磊等。尤其是刘涛同学，我与他朝夕相处，他的音容笑貌萦绕于心，其阅历和学识丰富，是值得我珍惜一生的朋友。感谢在写作过程中常与我探讨并给予我很大启发的师兄师姐，尤其是吴海贤博士、吴涛博士、贺立龙博士、王鹏博士、陈妮博士、胡茂博士等。还要特别感谢师兄李鸿博士，其兄长般的关怀和帮助更令我没齿难忘！在写作过程中，我还参阅借鉴了学界前辈大量的学术研究成果，在此表示深深谢意！感谢重庆市委党校，感谢党校科研处，感谢为出版此专著而默默贡献的各位编审工作人员。

"杨氏双雄"杨未名、杨俟名的出生，更为我的人生征途增添了新动力。儿子是生命的延续！苏东坡云："无官一身轻，有子万事足。"雄关漫道真如铁，而今迈步从头越，从头越，学海无涯，唯奋斗尔！最后，本书以马克思的一句经典名言，与各位共勉之。马克思曾说："在科学上没有平坦的大道，只有不畏劳苦沿着陡峭山路攀登的人，才有希望达到光辉的顶点！"

杨元庆

2022 年 7 月写于重庆